시각 예술과 인공지능

인공지능총서

인공지능 시대입니다. 기계가 인간의 인지를 대신하고, 사물이 인간을 통하지 않고 다른 사물과 직접 커뮤니케이션합니다. 이에 따른 인간 삶과 문명 변화를 정확히 이해·예측·대응하는 것은 이 시대 우리 모두의 과제입니다. 인공지능총서는 인공지능 기술과 환경의 여러 주제를 10가지 키워드로 정리합니다. 관련 개념과 이론, 학계와 산업계의 쟁점, 우리 일상의 변화를 다룹니다. 인간과 기술의 현재, 미래를 세심히 분석합니다.

일러두기

- 인명, 작품명, 저서명, 개념어 등은 한글과 함께 괄호 안에 해당 국가의 원어를 병기했습니다.
- 외래어 표기는 현행 어문규정의 외래어표기법을 따랐습니다. 다만 '딥러닝', '딥마인드', '딥페이크' 등은 관행을 따랐습니다.

시각 예술과 인공지능

권승태

대한민국, 서울, 커뮤니케이션북스, 2024

시각 예술과 인공지능

지은이 권승태
펴낸이 박영률

초판 1쇄 펴낸날 2024년 8월 23일

커뮤니케이션북스(주)
출판 등록 2007년 8월 17일 제313-2007-000166호
02880 서울시 성북구 성북로 5-11
전화(02) 7474 001, 팩스(02) 736 5047
commbooks@commbooks.com
www.commbooks.com

ISBN 979-11-288-6679-1 03500

책값은 뒤표지에 표시되어 있습니다.

차례

시각에서 공감각으로

그래프의 역사

어린 시절 나의 아버지는 내게 신언서판(身言書判)이라는 말씀을 하시면서 우선 몸이 건강하고 말을 잘하며 글을 잘 쓰고 판단력이 좋아야 한다고 가르치셨다. 신언서판은 당나라 때 관리를 등용하기 위한 기준이었는데 그 기준이 20세기 말 대한민국까지 이어진 것이다. 그러나 신언서판의 본질은 바뀌었다. 21세기 신(身)은 더 이상 단순히 인간의 몸이 아니라 기계와 공존하는 신체다. 우리는 스마트폰이 없는 일상을 상상하기 힘들다. 언(言)도 바뀌었다. 바벨탑을 쌓다가 생겨난 언어의 벽도 이제 인공지능의 도움으로 극복할 수 있게 됐다. 서(書)는 육필에서 시작해 기계적인 활자를 거쳐 인공지능의 대필로 변화했다. 결국 판(判)도 바뀌었다. 몸과 언어가 바뀌면 생각이 바뀌기 마련이다.

그리스어인 그라파인(graphein)은 '쓰다', '그리다'라는 뜻이다. 이 어원에서 다양한 그래프(graph)가 탄생했다. 타이포그래피(typography)는 글자를 의미하는 그리스어 티포(typo)에 어원을 두고 있으며 현재 활판 인쇄술이나 서체 디자인 등을 의미한다. 포토그래피(photography)는 그리스어로 빛이란 의미의 포토(photo)라는 어원과 함께 '빛으로 쓰다/그리다'라는 뜻을 가지며 촬영술을 의미한다. 축음기인 포노그래프(phonograph)의 포노(phono)는 소리나 음성을 뜻한다. 시네마토그래피(cinematography)는 움직임을 뜻하는 그리어인 키네마(kinema)라는 어원과 함께 영화 촬영술을 의미한다. 비디오그래피(videography)는 비디오 촬영술을 말한다. 15세기 구텐베르크 혁명 이후 활자 시대가 도래했고 현재 컴퓨터를 활용해 글을 쓰고 그림을 그리는 컴퓨터 그래픽(computer graphics) 시대가 됐다. 광고나 뮤직비디오에 많이 활용하는 키네틱 타이포그래피(kinetic typography)는 움직이는(kinetic) 문자로 메시지를 전달하는 모션 그래픽의 일종이다.

오랜 인류 역사에 걸쳐 발명된 모든 그래프는 이제 컴퓨터 속에 다 들어 있다. 1970년대 초 그래픽 사용자 인터페이스(Graphical User Interface: GUI)의 개발에 기여한 앨런 케이(Alan Kay)는 컴퓨터를 단순히 계산 도구로 보는 것에서 벗어나, 모든 종류의 정보와 표현을 다룰 수 있는 메타 미디어(Meta media)로 보았다. 미디어학자 레프 마노비치(Lev Manovich)에 따르면 컴퓨터는 타이포그래피, 포토그래피, 시네마토그래피, 비디오그래피 등 기존 미디어를 시뮬레이션할 뿐만 아니라 새로운 미디어를 창조하고 모든 미디어를 다룬다는 점에서 문화 기계라고 할 수 있다. 컴퓨터는 양적으로 모든 것을 포괄할 뿐만 아니라 기존 미디어와 질적으로 다른 기능을 가지고 있다. 그 핵심적 기능이 바로 미디어 혼종화(hybridization)다. 현재 많은 미디어 소프트웨어는 텍스트, 사진, 비디오, 그래픽, 사운드 등 다양한 미디어를 자유롭게 섞어 새로운 것을 창조한다. 인쇄술을 시작으로 책, 신문, 사진, 영화, 라디오 등이 등장하면서 발생한 단일 감각 중심의 전통적 미디어는 멀티모달(multimodal)의 디지털 미디어의 등장으로 각각의 경계가 허물어지면서 구텐베르크 은하계는 디지털 은하계로 급변하고 있다. 랄프 슈넬(Ralf Schnell)에 따르면 인간은 아날로그 환경에서 시각 중심의 지각을 가지고 있다가 디지털화되면서 복합 지각을 체험하고 있다. 디지털 그래피는 구텐베르크 은하계에 의해 오랫동안 주변부로 밀려났던 공감각적 세계를 다시 중심부로 이동시키고 있다.

2023년 챗GPT(chatGPT) 같은 인공지능이 대중화하면서 새로운 그래프가 창조됐다. 인공지능과 소통하기 위해 우리는 검색창같이 생긴 사각형 창에 프롬프트(prompt)를 작성한다. 프롬프트는 명령줄 인터페이스(Comman Line Interface: CLI)에서 사용자에게 입력을 요청하는 신호를 의미한다. 사용자는 이 프롬프트 뒤에 명령을 입력해 컴퓨터와 상호 작용할 수 있다. 프롬프터(prompter)는 연극에서 대사를 알려 주는 사람을 의미하고 뉴스 방송에서는 앵커에게 대본을 보여 주는 기계로 알려져 있다. 인공지능 세계에서 프롬프트는 사용자가 원하는 결과물을 얻기 위해 인공지능에게 지시하는 글이나 말이다. 페루 사진가 크리스티안 빈세스(Christian Vinces)는 포토그래피에서 포토를 프롬프트로 대치해 프롬프토그래피(Promptography)라는 말을 제안했다. 그리고 2023년 독일 예술가 보리스 엘다겐(Boris Eldagsen)이 소니 월드 포토그래피 어워드(SWPA)에서 트롬프트로 작업한 작품인 〈위기억: 전기 기술자(PSEUDOMNESIA / The Electrician)〉로 일반 공모 부문 크리에이티브 카테고리에서 1위에 입상했다. 그러나 엘다겐은 AI 생성 이미지가 전통적인 사진과 성격이 다르므로 같은 카테고리에서 경쟁해서는 안 된다고 하면서 수상을 거부했다. 이때 그가 프롬프토그래피라는 말을 사용하면서 이 용어가 대중화했다. 포토그래피, 컴퓨터 그래픽처럼 프롬프토그래피 역시 인간의 선택에 의해 그 결과물이 결정된다. 엘다겐의 작품은 단순히 인공지능이 대신 만든 것이 아니라 그가 기계와 협업해서 완성한 것이다. 그가 자신이 원하는 이미지가 나올 때까지 계속 프롬프트를 수정했고 포토샵에서 최종 수정을 하면서 결국 자신만의 예술적인 선택을 통해 작품을 완성했다.

챗GPT 같은 거대 언어 모델(Large Language Model: LLM)은 이제 챗봇에서 멀티모달 AI로 진화하고 있다. 모달(modal)은 모드(mode)의 형용사로 '방식의', '매체의'라는 의미를 갖는다. 그러므로 멀티모달 AI는 텍스트, 이미지, 음성 등 다양한 모댈리티를 가진 데이터를 입력받아 혼종적 결과물을 생성하는 인공지능 기술이다. 이러한 기술은 창작, 디자인, 콘텐츠 생성, 의료, 교육, 자동차 등 다양한 분야에서 활용되기 시작했다. 멀티모달 AI 기술 덕분에 이제 누구나 쉽게 텍스트로 프롬프트를 쳐서 이미지, 그래픽, 비디오, 음성, 음악, 효과음 등을 생성하는 시대가 됐다. 과거 아날로그 시대에 기술적 어려움으로 각 분야의 전문가들이 각각의 미디어에 집중했다면 컴퓨터가 등장해 여러 미디어를 통합하는 전문가가 등장했고 이제 인공지능이 인간의 말을 알아

듣고 스스로 다양한 미디어를 혼종적으로 통합하고 있다. 즉, 15세기 타이포그래피가 출현한 이래 인간은 기계를 활용해 다양한 그래피를 전문적으로 수행하다가 디지털 시대에는 그것을 통합하고 이제 그 그래피를 통합적으로 수행하는 기계를 만든 것이다. 그러므로 21세기 그래프는 소프트웨어 활용술 또는 생성형 인공지능을 관리하는 기술이라고 할 수 있다.

미메시스의 역사

그리스 시대 플라톤(Plato)은 실재가 이데아이고 이데아의 모사가 현상이며 현상의 모사가 예술이라고 했다. 그러므로 인간은 동굴에서 사는 것과 마찬가지다. 동굴 밖에 이데아가 있는데 인간은 동굴 속에서 이데아의 그림자만 보고 산다는 것이다. 현실의 세계는 끊임없이 변하지만 이데아의 실재는 변하지 않는 절대 이성의 세계라고 했다. 아리스토텔레스(Aristoteles)는 『시학(Poetics)』에서 예술을 자연의 모방(Mimesis)이라고 했다. 이성으로 객관적인(이상적인) 실재인 이데아를 추구했던 그리스 시대 시각 예술은 현실을 사실적으로 묘사하는 경향이 강했다. 그리스 시대 미술은 현실의 모방으로서 장인의 기술이었지 기존에 없던 새로운 것을 창조하는 창의적인 일이 아니었다. 그리고 성서에서 이데아를 찾았던 중세 시대 예술은 신의 창조와 질서를 반영하고, 종교적 교육과 신앙을 강화하는 도구였다.

다시 인간의 이성이 진리를 추구하는 수단으로 부활한 르네상스 시대에 와서 비로소 예술 작가의 독특한 스타일이 주목받았다. 당시 레오나르도 다빈치, 미켈란젤로, 라파엘로는 자신만의 예술 세계를 보여 준 창의적 예술가였다. 그러나 그러한 창의적 작품 역시 고전 고대의 재배열이나 변형이었지 고전 고대와 완전히 단절한 새로운 혁신을 추구하지는 않았다. 즉, 르네상스 예술은 그리스 예술을 기반으로 해서 해부학, 원근법, 명암법 등의 실제를 재현하는 기술을 과학적으로 발전시켰다.

15세기 구텐베르크의 성서가 경이의 대상이 되고 있을 때 유럽의 부유층은 어두운 방에서 움직이는 영상을 즐기는 새로운 오락에 열광했다. 17세기가 되자 예술가들은 그 어두운 방을 이용해 더 정확한 그림을 그렸다. 라틴어로 어두운 방을 의미하는 카메라 옵스큐라(Camera Obscura)는 어두운 방에 뚫린 작은 구멍을 통해 들어온 빛이 반대편 벽에 역상으로 투사되는 장치로 카메라의 전신이다. 19세기 초 카메라 옵스큐라의 원리는 사진술의 발명에 기여했다. 1826년 조제프 니세포르

니엡스(Joseph Nicéphore Niépce)는 카메라 옵스큐라를 이용해 최초의 사진을 찍는 데 성공한다. 자신의 집 창문에서 보이는 풍경을 촬영했는데 빛에 노출되면 굳어지는 감광성 재료를 사용했다. 여덟 시간 동안 빛에 노출된 부분은 경화해 고정되고 어두운 부분은 용매로 제거되어 입자가 거친 풍경 이미지가 형성됐다. 이제 사람들은 자신의 모습을 영원히 남기기 위해 화가가 아니라 기계 앞에서 오랜 시간 고정된 자세를 참으며 앉아 있게 됐다.

사진의 발명으로 미메시스의 역사는 종지부를 찍는다. 왜냐하면 사진으로 인간은 실제를 똑같이 재현하려는 욕구를 충족했기 때문이다. 그리고 예술가들은 더 이상 실제 재현에 얽매이지 않고 표현의 자유와 창의성을 탐구할 수 있게 됐다. 이는 인상주의, 추상화, 표현주의 등 새로운 예술 운동을 촉진했다. 인상주의는 19세기 후반 빛과 색채, 순간의 인상을 포착하는 새로운 접근 방식을 도입했다. 빨간 사과를 고유색인 빨간색으로 그리지 않고 빛에 따라 달라지는 색상을 포착해서 그렸다. 인상주의 회화는 색에서 기존 회화의 관례를 벗어났지만 공간 표현에서는 르네상스 이래 관습으로 자리를 잡아 온 원근법적 시각이 여전히 전존했다. 1899년 폴 세잔(Paul Cézanne)은 〈사과와 오렌지가 있는 정물(Still Life with

Apples and Oranges)〉에서 전통적인 단일 소실점을 사용하는 원근법에서 벗어나 사과를 다양한 시점에서 동시에 바라보고 그 형태를 기하학적으로 단순화했다. 인상파가 그림에서 색채를 해방시켰다면 세잔은 형태까지 해방시켰다. 세잔은 사물을 그대로 모방하지 않고 사물에 새로운 형태를 부여했다. 세잔의 작업은 입체파 화가인 파블로 피카소(Pablo Picasso)와 기하 추상 화가 피에트 몬드리안(Piet Mondrian)에게 큰 영향을 주었고 현대미술의 탄생에 중요한 역할을 했다. 사진의 탄생은 시각예술이 구상에서 추상으로 변화하는 거대한 분기점이었다.

재현에서 상징으로

1895년에 탄생한 영화는 시각 예술뿐만 아니라 인류의 사고방식에도 심대한 영향을 끼쳤다. 사진과 영화가 탄생하면서 인류는 세계의 사물성을 있는 그대로 인식할 수 있게 됐다. 인간 뇌의 필터링을 거치지 않고 기계가 실제를 영상으로 기록하게 되면서 인간은 드디어 객관적인 실제 세계의 특성을 인지하고 공유할 수 있게 됐다. 18세기 말 이마누엘 칸트(Immanuel Kant)는『순수 이성 비판(Kritik der reinen Vernunft)』에서 이성이 감각 경험을 초월한 '물자체(das Ding an sich)'를 인식할 수 없다고 주장했다. 이는 객관적 진리에 대한 인간 인식의 한계를 지적한 것이다. 물론 이성 중심의 근대 과학은 인류의 문명을 합리성의 세계로 인도했지만 양차 세계 대전 이후 객관적인 진실을 추구하는 이성에 대한 신뢰가 땅에 떨어졌다. 반면 영화는 인간의 주관적인 시각을 극복하고 세상을 있는 그대로 객관적으로 볼 수 있도록 돕는 혁명적 미디어로 주목받았다. 예술가들은 영상을 현실을 있는 그대로 보여 주는 도구로, 권력자들은 영상을 선전 선동의 도구로 활용했다. 지가 베르토프(Dziga Vertov)는 〈카메라를 든 사나이〉(1929)에서 기계의 눈(키노아이, Kino-eye)으로 사물의 운동과 리듬을 포착했고 기계와 협력하는 새로운 인간을 보여 주었다. 반면 레니 리펜슈탈(Leni Riefenstahl)은 〈의지의 승리〉(1935)에서 민중을 선동하는 독재자를 미화했다. 영화는 프레임이라는 한계 속에서 단순히 기계적 재현에 그치기 때문에 그것을 어떻게 활용하느냐에 따라 진실에 가까이 갈 수도 있고 허구를 확장할 수도 있다. 제2차 세계 대전 전후로 이탈리아의 네오리얼리즘 작가들은 있는 그대로의 리얼리티를 추구했지만 할리우드는 여전히 스튜디오 시스템과 장르 영화의 전통을 유지하며 성공적인 서사를 위해 환영적 사실주의를 고수했다.

프레임이 담는 이미지는 있는 그대로의 실제를 기록한 것이지만 프레임 자체가 전체의 일부분이고 인간의 주관적인 선택으로서 해석에 따라 언제든지 왜곡된 상징이 될 수도 있다. 그럼에도 불구하고 다큐멘터리든 프로파간다든 영상은 실제라는 믿음을 주었기에 강력한 힘을 발휘하면서 20세기를 자신의 시대로 만들었다. 소설보다 영화가, 신문보다 방송이 더 큰 영향을 발휘하게 됐다. 또 초창기 실제를 단지 모사하던 영상은 다양한 숏(shot)으로 분화하면서 자신만의 언어를 정립했다. 영상은 현실을 상징화하고 서사화하고 인간의 주관적 세계를 표현하면서 회화나 문학과 같은 예술로 승격됐다.

20세기 사진과 영화가 초기의 기계적인 재현을 넘어 상징 세계를 창조하고 있다면 21세기 AI는 태어나자마자 상징 세계를 확률적으로 창조하고 있다. 상징 세계는 기본적으로 추상적인 자연 언어를 통해 구축된다. 그런데 오픈AI의 챗GPT나 구글의 제미나이(Gemini), 앤스로픽(Anthropic)의 클로드(Claude) 같은 LLM은 자연 언어를 인간처럼 이해하고 작성하고 있다. 기계는 단순한 복제를 넘어 자연 언어로 작동되는 고도의 추상적인 상징 세계에서 개별 인간을 능가하고 있다. AI는 방대한 데이터를 기반으로 한 분석과 추론을 통해 다양한 분야의 정보를 신속하면서 깊이 있게 제공하고 있다. 또 AI는 이미지를 상징화한 후 이를 입력된 텍스트에 맞게 재구성해 재현 이미지뿐만 아니라 추상 이미지까지 생성한다.

AI는 단순히 정보를 제공하는 것을 넘어, 우리의 사고방식을 변화시키고 문제 해결의 새로운 방안을 제시할 수 있다. 토마스 메칭거(Thomas Metzinger)는 우리의 자아 경험이 불완전한 정보에 기반하고 있기 때문에 우리가 경험하는 모든 것을 자기중심적으로 해석한다고 말한다. 반면 탈주체적 존재는 이런 자기중심적 인식에서 벗어나 많은 정보를 활용해 보다 정확한 세상을 이해할 수 있다. 인간은 자기중심적 편향성을 극복하기 위해 다양한 정보를 습득하고 과학적 관점을 견지하며 공통체의 협의를 통해 객관성을 획득할 수 있다. 그러나 탈주체적 능력은 모든 사람에게 자연스럽게 주어지지 않는다. 많은 정보를 수집하고 분석하는 일을 전문적으로 하는 지식인이 탈주체적 존재가 될 가능성이 있다. 현재 챗GPT4.o는 다양한 분야에 능통한 지식인의 역할을 하고 있다. 더욱이 일반 개인은 충분한 정보를 습득할 시간적인 여유가 없기 때문에 정보 결핍에 처하기 쉽다. 그러나 개인이 인공지능의 도움을 받는다면 정보 결핍의 문제를 극복하고 탈주체적 존재로 거듭날 수 있을 것이다. 물론 반대로 AI는 인간이 필터링한 데이터를 학습하고 인간의 기호에 맞게 정보를 재가공함에 따라 인간의 편향성을 더 강화할 수 있다. 정보가 넘치는 디지털 시대에 사용자는 알고리즘의 횡포로 자신이 보고 싶은 것만 보고 듣고 싶은 것만 들으며 자기중심적 편향성을 심화해 거꾸로 정보의 결핍을 겪고 있는 실정이다. 그러나 개발자가 데이터의 공정성과 알고리즘의 투명성을 지속적으로 개선하고 사용자가 여러 LLM을 사용해 교차 질문하고 검색으로 팩트 체크까지 한다면 상징적인 기호의 세계에서 자기중심적 편향을 극복할 수 있을 것이다.

정리하자면, 사진과 영화라는 기계 복제 미디어를 통해 인간은 이미지로 대표되는 재현적인 미디어의 편향성을 극복하려고 노력해 왔다. 이제 인간은 인공지능이라는 기계 추론 미디어를 통해 문자로 대표되는 상징적인 미디어의 편향성을 극복할 수 있는 잠재력을 갖게 됐다.

컴퓨팅의 민주화

컴퓨터 세계에도 AI는 혁명적인 변화를 만들고 있다. 컴퓨터 장비의 대중화와 사회의 디지털화로 누구나 컴퓨터를 사용하는 시대가 됐지만 GUI 기반의 애플리케이션은 여전히 일반인이 배우기가 어렵고 복잡하다. GUI는 기계어나 명령줄 인터페이스에 익숙하지 못한 일반인도 쉽게 기계와 소통하기 위해 수많은 명령어를 메뉴와 아이콘으로 만들어 마우스로 선택할 수 있게 만든 그래픽 기반의 사용자 인터페이스다. 직관적으로 메뉴를 배열하고 자주 쓰는 메뉴는 도구로 만들어 놓았지만 튜토리얼 없이는 배우기가 어렵다. 애플리케이션마다 메뉴 배열 방식이 다르고 서로 연동이 되지 않으므로 한 애플리케이션의 인터페이스에 익숙해지더라도 다른 애플리케이션을 사용하려면 처음부터 다시 배워야 하는 어려움이 있다. 그리고 한번 익힌 애플리케이션도 지속적으로 업데이트가 되면서 계속 새롭게 배워야 하는 상황이다. 그래서 글자도 모르는 어린아이도 쉽게 사용할 수 있는 컴퓨터를 만들겠다는 앨런 케이의 희망과 달리 GUI의 세계에서는 문자 세계에 단련된 기성세대가 디지털 리터러시라는 새로운 문해력을 익혀야 하는 문제가 발생하고 있다.

그러나 AI는 자연어로 인간과 소통하므로 사용법이 따로 필요 없다. 수많은 메뉴의 버튼과 그것을 누르는 과정을 배우지 않더라도 사용자는 그냥 말로 명령하면 된다. 또 말로 설명하기 힘든 것은 직접 사진을 찍거나 그림을 그려서 AI에게 보여 주면 된다. 그래서 생성형 인공지능이 탄생하면서 애플리케이션의 기술을 몰라도 일반인이 전문가처럼 그림을 그리고 디자인하고 작곡하며 심지어 3D 모델링까지 제작할 수 있게 됐다. AI가 글만 읽는 것이 아니라 인간의 말을 듣고 인간의 행동까지 보고 이해할 수 있게 되면서 사용자는 마치 조수에게 일을 시키듯 AI에게 작업을 시킬 수 있게 됐다. 인간과 기계 사이에 별다른 인터페이스가 존재하지 않는다. AI가 마치 전기처럼 눈에 보이지 않는 비매개로 발전할 경우 GUI 개발자들이 꿈꾼 컴퓨팅의 민주화가 이뤄질 것이다.

새로운 미학

옷을 입고 집 안을 꾸미고 사진을 찍는 일상에서 우리는 미적인 선택을 한다. 철학자 어윈 에드먼(Irwin Edman)은 조각품, 그림, 클래식 음악 같은 것들만 예술이라고 할 수 없으며 일상에서 이들을 이해해 재미있고 아름다운 자신만의 언어로 바꾸는 모든 지적인 과정을 예술이라고 했다. 즉, 일상생활의 경험을 명료화하고 강조하는 것이 예술의 영역이라고 말했다. 아리스토텔레스는 예술이 현실을 모방하며, 인간은 감각을 통해 그 아름다움을 경험할 수 있다고 주장했다. 미학(Aesthetica)이라는 용어는 1750년 독일 철학자 알렉산더 바움가르텐(Alexander Baumgarten)이 처음 사용했다. 그는 미학을 단순히 아름다움의 학문이 아니라 논리학에 대응하는 감각적 인식의 학문으로 정립했다. 이후 칸트는『판단력 비판(Kritik der Urteilskraft)』(1790)을 통해 미학을 아름다움이나 숭고함에 대한 감각적 경험을 다루는 학문이며, 이러한 경험은 '미적 판단'을 통해 이루어진다고 보았다. 그는 미적 판단을 주관적이지만 동시에 어떤 보편적인 기준에 의해 다른 사람들과 공유할 수 있는 것으로 보았다. 그리스 철학자나 바움가르텐과 칸트 모두 미학을 인간 고유의 감각적 경험의 영역으로 간주했다. 그러나 인공지능이 나오게 되면서 새로운 미학이 등장하고 있다. 인공지능은 알고리즘, 데이터, 학습 모델 등의 기술적인 요소에 의해 미적 가치를 생성할 수 있다. 만약 인공지능의 독자적 결과물을 예술로 인정한다면 미학은 이제 인간만의 영역을 넘어서게 된다.

인공지능이 알 거리와 볼거리를 선별해 주고 옷을 추천하고 사진을 생성하면서 일상의 미적 판단은 기계의 몫이 되고 있다. AI는 사용자가 무엇을 좋아할지 예측하기 위해 점점 정교해지고 있다. 심층 신경망은 사용자가 좋아요를 누른 이미지를 분석하면서 미학적으로 관련성이 높은 특징을 자동으로 추출한다. 즉, AI는 사용자의 미적 선택을 직접 관찰해 미적 특성의 원칙을 학습한다. 달리(DALL-E) 같은 생성형 인공지능은 미술사의 양식과 화가들의 스타일을 학습해 사용자가 인상주의 스타일로 바다 풍경을 그려 달라고 하면 인상주의 회화 같지만 세상에 없던 이미지를 금방 생성한다. 고전적 미술 작품은 그 스타일이 명확하고 예술 양식의 특정 패턴을 따르는 경향이 있기 때문에 간단하게 생성할 수 있다. 기계학습(Machine Learning) 시스템은 그러한 작품들의 수많은 사례를 분석하고 관련 특징과 패턴을 추출하는 데 이상적이다. 일반적으로 이러한 기술적 숙련도가 높은 작품을 진정한 예술로 간주하곤 한다. 그러나 이러한 기술적 능력은 절차적 지식을 의미하며 AI는 바로 이러한 종류의 지식을 잘 다루도록 설계되어 있다.

AI로 만든 작품이 인간이 만든 작품을 미학적으로 능가하는 사례가 발견됐다. 2022년 콜로라도주 박람회 미술 대회의 디지털 아트 부문에서 게임 기획자인 제이슨 알렌(Jason M. Allen)이 미드저니(Midjourney)로 만든 작품 〈스페이스 오페라 극장(Théâtre D'opéra Spatial)〉이 일등상을 받았다. 알렌은 수상작을 만들기 위해 프롬프트에 약간의 수정을 가하면서 900번의 반복 작업을 했고 마지막에는 포토샵으로 이미지를 정리했다. 이로써 최소한 인간과 AI의 협력으로 만든 작품은 이제 인간의 작품을 능가할 수 있게 됐다.

현대 미술은 단지 아름다움과 기술적 완성도가 아니라 역사적 맥락 속에서 의미 있는 주제와 아이디어가 예술적 가치를 결정한다고 본다. 그런 점에서 AI는 데이터와 알고리즘을 통해 새로운 내용을 생성할 수 있지만 마르셀 뒤샹(Marcel Duchamp)의 〈샘(Fountain)〉(1917)과 같이 예술사의 맥락 속에서 근본적인 질문을 던지고 철학적 깊이를 반영하는 창작 행위는 하지 못한다. 미학은 그 난해함과 복잡성으로 오랫동안 알고리즘으로 축소하기 어려운 영역으로 여겨졌다. 창의적인 예술은 인간 능력의 정점으로 인공지능이 따라올 수 없는 최후의 보루다.

발터 벤야민(Walter Benjamin)에 따르면 예술 작품은 철저하게 사회적 산물로 사회의 기술 수준이 변경되면 예술 작품의 형식이 바뀌고 그다음에 예술 작품의 수용 방식도 바뀐다. 1826년 최초의 사진이 세상에 나타난 이래 40년이 넘어서 미국 저작권법은 사진을 예술 저작물로 인정했다. 이후 사진은 단순한 기계적 복제가 아닌 창작적 표현으로 인식되기 시작했다. 인공지능은 기존 작품을 학습해서 재구성해 기존 작품과 비슷한 작품을 만들 수도 있지만 기존에 존재하지 않은 완전히 새로운 작품을 실험할 수도 있다. 문제는 수용 방식이다. 인간이 인공지능 작품에 어떠한 가치를 부여할 수 있느냐가 문제다. 인공지능 생성 작품 역시 사진처럼 인간의 예술적 선택이 들어가 새로운 가치를 창조한다고 평가될 때 예술로 인정되지 않을 이유가 없어진다.

마노비치에 따르면 미디어가 인간의 지능과 감각을 향상했듯이 AI는 인간이 자신의 예술적 한계를 극복하는 데 도움을 줄 수 있다. AI는 인간보다 더 정확히 인간의 취향과 미적 감각을 파악할 수 있고 인간보다 더 종합적으로 미술사적 양식들을 습득할 수 있다. 인공지능은 인간의 선호도를 파악해서 새로운 작품이 등장했을 때 그것이 대중에게 얼마나 호응을 받을지 예측하는 데 도움을 줄 수 있다.

피그말리온 신화처럼 인간은 오래전부터 비인간적 존재에도 영혼을 부여했다. 애니메이션은 그림에 영혼을 부과해 그 그림에 사람과 같은 캐릭터를 부여하는 장르다. 현재 우리는 에스파 같은 가상의 아이돌 캐릭터에 열광하기도 한다. 인공지능의 작품이 얼마나 창의적인가가 중요한 것이 아니라 그 작품에 인간이 의미와 영혼을 부여할 수 있는가가 중요하다. 창의적인 예술의 기준이 바로 새로운 가치와 의미의 존재 여부인 것처럼 인공지능의 창작물 역시 동일한 기준을 적용할 수 있다. 기계적 산물에도 의미와 가치 또는 심지어 영혼을 부여하고 포스트 휴머니즘이 추구하는 것처럼 사회가 비인간적 존재 역시 인간과 동등한 구성원으로 인정할 때 인공지능이 독립적으로 생성한 작품 역시 예술로 인정되어 저작권이 부여될 것이다.

21세기 그래프

타이포그래피, 포토그래피, 포노그래프, 시네마토그래피까지는 인간은 기술적 한계로 감각이 분리된 미디어를 사용했다. 그러다 유성 영화가 나오고 컴퓨터가 등장하면서 인간은 공감각의 미디어를 사용할 수 있게 됐다. 그러나 오랫동안 컴퓨터를 문화 기계로 사용하기 위해서는 전문가적 기술이 필요했다. 이제 인공지능의 도움으로 누구나 프롬프토그래피로 텍스트, 이미지, 비디오, 음악, 3D를 쉽게 생성할 수 있는 시대가 됐다. 이 책은 시각 예술의 근원인 이미지에서 시작해서 영상 기술과 생성형 인공지능 기술을 짧게 소개하고 크리에이터 중심 사회 또는 미학 사회의 도래를 알리면서 미술, 사진, 촬영, 영화, 영화 편집, 그래픽 디자인, UGC 각 분야에서 크리에이터로서 실무적으로 사용할 수 있는 인공지능 도구를 안내하고자 한다. 나는 내 아버지가 그랬던 것처럼 내 자식에게 신언서판을 이야기할 수 있다. 21세기 서(書)로 새로운 언어를 구사하고 새로운 생각을 하는 새로운 몸의 등장을 이야기할 수 있다.

참고문헌

레프 마노비치(2014). 『소프트웨어가 명령한다』. 커뮤니케이션북스.

마셜 매클루언(2001). 『구텐베르크 은하계』. 커뮤니케이션북스.

발터 벤야민(2007). 『기술복제시대의 예술작품: 사진의 작은 역사 외』. 길.

윤나라(2023). 프롬프트 엔지니어링과 인간의 역할: 콘텐츠 생성 인공지능을 중심으로. ≪인문콘텐츠≫ 70, 199-218쪽.

윤병권(2024). VR미디어아트의 확장성 연구, 매체미학을 중심으로. ≪한국디자인리서치≫ 30-9, 79-88쪽.

이시다 히데타카(2017). 『디지털 미디어의 이해』. 사회평론.

이재현(2023). 『인공지능과 알고리듬 사회』. 컴북스캠퍼스.

헨리 키신저 외(2013). 『AI 이후의 세계』. 윌북.

Boris Eldagsen(2023.04.23). Let's clean up the messy terminology, Artist's official Website.

https://www.eldagsen.com/sony-world-photography-awards-2023/

Irwin Edman(1960). *Arts and the man*, New Yrok: W. W. Norton & Company.

Kevin Roose(2022.09.02.). An A.I.-generated picture won an art prize. artists aren't happy. *The New York times*. https://www.nytimes.com/2022/09/02/technology/ai-artificial-intelligence-artists.html

Lev Manovich(1998). Database as a symbolic form, http://manovich.net/content/04-projects/022-database-as-a-symbolic-form/19_article_1998.pdf

Lev Manovich & Emanuele Arielli(2021~2024). Artificial aesthetics: Generative AI, art, and visual media, http://manovich.net/index.php/projects/artificial-aesthetics

U.S. Copyright office. The evolution of copyright law, https://www.copyright.gov/history/copyright-exhibit/evolution/

01
이미지와 인공지능

이미지는 사물에 빛이 반사해 우리 눈에 맺힌 상이면서 우리가 머릿속에 상상하는 상이며 필름에 맺히는 상이고 인공지능이 생성하는 상이기도 하다. 시각 예술에서 이미지의 공간은 프레임이다. 프레임 속에 구상적인 요소와 시각적인 요소가 구성된다. 프레임은 선택과 조합의 시각 장으로 실제를 단순화하거나 상징화한다. AI가 생성하는 프레임 속 이미지를 구성하는 주체는 인간이고 AI는 대리인이다.

이미지

이미지(image)는 물에 비친 상 같은 시각적 표상이다. 앙리 베르그송(Henri Louis Bergson)은 이미지를 우리의 의식에 지각되고 표상되는 주관적인 존재이자 우리의 의식 밖에서 지각과 무관하게 물질적으로 선재하는 객관적인 존재라고 했다. 그에게 사물은 그 자체로 존재하는 이미지다. 이렇게 이미지는 넓게 보면 우리가 지각하는 모든 사물을 말한다. 그러나 협의로서 이미지를 미디어 이미지, 정신 이미지, 과학 이미지 등 여러 가지 범주로 분류할 수 있다. 이 책에서 다루는 시각 예술의 이미지는 미디어 이미지로서 회화, 조각, 드로잉, 판화, 벽화, 조형물, 환경 아트, 사진, 영화, 비디오, 컴퓨터 그래픽, 디지털 아트, 3D 모델링 등이 있다. 정신 이미지는 정신 속 표상으로 심리, 꿈, 환상, 문학의 은유 등이 있다. 우리가 평소에 말하는 국가 이미지, 기업 이미지도 정신 이미지에 해당한다. 과학 이미지에는 엑스레이 사진, MRI 스캔, CT 스캔, 초음파 이미지, 현미경 이미지, 천체 망원경을 통해 보는 이미지, 위성 사진, 레이더 이미지 등이 있다. 그리고 VR(Virtual Reality) 같은 인터랙티브 몰입형 기기로 만든 이미지와 생성형 인공지능(Generative AI)의 이미지 같은 뉴미디어 이미지 역시 뉴미디어 아트로서 시각 예술의 이미지로 분류할 수 있다.

기호의 관점에서 이미지는 내용(기의, signified)을 시각적으로 전달하는 표현(기표, signifier)이다. 이미지는 표현 방식에 따라서 크게 재현(Representation), 추상(Abstract), 상징(Symbol)으로 구분된다. 재현 이미지는 실제를 사실적으로 표현하는 것으로 사실주의 회화, 초상화, 사진, 영화 등이 있다. 추상 이미지는 실제의 구체적인 형태를 탈피해 선, 색, 형태 같은 가장 특징적인 것만 강조한 것으로 추상화, 프랙탈 아트(Fractal Art) 등이 있다. 추상은 핵심만 추려 내어 본질적인 것으로 환원하는 것을 의미한다. 상징 이미지는 특정 개념을 비유적으로 단순하게 표현하는 것으로 상징주의 회화, 로고, 국기, 교통 표지, 문자 등이 있다. 인공지능은 마치 사람이 그렇듯이 세 가지 표현 방식을 모두 사용해 이미지를 생성한다.

롤랑 바르트(Roland Barthes)는 이미지를 일차적 의미인 외시(denotation)와 이차적 의미인 공시(connotation)로 구분한다. 외시는 이미지의 직접적이고 명백한 의미, 즉 사전적 의미이고 공시는 문화적, 개인적 맥락에 따라 파생되는 좀 더 부가적인 의미다. 애플 로고의 외시는 단순히 한 입 베어 먹은 사과이지만 공시는 자유, 창의, 혁신이 될 수 있다. 그러나 바르트의 기호학은 이미지의 언어적인 측면에 집중하면서 비언어적인 지각 양상을 백안시했다. 이에 장마리 플로슈(Jean-Marie Floch)는 이미지를 구상적(figurative) 차원과 시각적(visual) 차원에서 분석한다. 구상적 차원은 이미지가 문화적 배경 속에서 그 의미를 정확하게 설명할 수 있는 내용을 강조한다면 시각적 차원은 이미지의 형태적, 미학적 요소에 초점을 맞춘다. 구상적 차원은 문자 그대로의 의미를 가지는 외시적 방식이 될 수도 있고 특정 문화 배경의 함의를 갖는 공시적 방식이 될 수도 있다. 시각적 차원은 비언어적인 차원으로서 즉각적으로 어휘화되지 않는 지각적 요소들을 다룬다. 예를 들어 초기 애플 로고의 다양한 색, 단순한 구성, 비반복적인 색의 구성, 연결되는 윤곽선, 따뜻한 색, 곡선 등의 조형적 특성에서 곧바로 사전적 정의나 문화적 상징을 찾기 힘들지만 기표로서 그것과 상응하는 기의를 찾을 수 있다. 그러므로 이미지를 분석할 때 먼저 액면 그대로의 의미와 그 뒤에 숨은 문화적 의미를 찾고 그 이미지의 점, 선, 면, 색, 형태, 리듬, 깊이, 질감, 프레임 등의 시각적 요소들을 분석해 의미를 발견할 수 있다.

시각 예술에서 이미지의 공간은 프레임(frame)이다.

캔버스, 스크린, 모니터, 디스플레이는 사각형의 프레임이다. 프레임은 선택과 조합의 시각 장이다. 프레임은 한계다. 한계가 있기 때문에 예술적인 선택이 가능하다. 프레임은 이미지를 언어처럼 계열체적(Paradigmatic)으로 선택하고 통합체적(Syntagmatic)으로 조합하는 틀이다. 선택은 곧바로 배제된다. 실제의 부분을 선택하고 나머지는 배제한다. 그러므로 프레임은 실제를 단순화하거나 상징화하는 구조다. 프레임은 실제의 부분에 집중하지만 그 부분은 항상 그 이상의 전체로서 성격을 지니며 적극적으로 의미 작용하는 스토리다. 이미지는 본래 시각적 경험의 파편들로부터 만들어지고 지각 과정을 거쳐 우리 머릿속에 그림으로 처리되는 게슈탈트(gestalt)다. 게슈탈트는 부분을 통합해 전체적인 형태나 의미를 구성하는 인간 인식의 기본 원리다. 관객은 프레임으로 한정된 부분을 보지만 이를 확장해 전체를 상상한다.

마셜 매클루언(Marshall Mcluhan)은 오감을 통한 감각 자극은 분산된 데이터 단위로 지각되는 것이 아니라 하나의 전체로서 혹은 게슈탈트로서 지각된다고 주장했다. 매클루언은 활자 문자로는 오감으로 지각하는 세상을 제대로 표현할 수 없다고 했다. 고도로 추상화된 문자는 서구 역사에서 이미지보다 우월한 지위를 차지했지만 이미지처럼 세상을 직접적으로 또는 전체적으로 재현할 수 없다. 문자가 고정적이고 추상적이라면 이미지는 가변적이고 구체적이다. 이미지는 문자와 달리 자의적이지 않고 자연적이다. 이미지는 다의적으로 고정되지 않는 의미를 내포하고 있다. 반면 말과 문자는 직접적인 방법으로 의미를 명시한다. 그러므로 텍스트는 이미지에 방향을 지정해 주어 의미를 명료하게 한다. 바르트는 이런 텍스트의 특징을 정박(anchor)이라고 했다.

영상

영상은 넓게는 이미지라는 의미를 가지지만 영상 제작에서 말하는 영상은 일반적으로 카메라 렌즈를 통해 들어온 빛이 형성한 이미지로서 사진, 영화, 텔레비전, 비디오 등을 말한다. 초창기 영화는 활동사진(motion-picture)으로 시각 미디어였다. 그러나 1927년 최초의 유성영화인 〈재즈 싱어〉가 성공하면서 영화는 시각 예술에서 시청각 예술로 발전하게 됐다. 영상 제작에서 말하는 영상은 청각적 요소까지 포함한다. 영화 제작은 비디오 제작과 오디오 제작으로 구분되어 있기 때문에 둘을 동기화하는 작업을 한다. 과거에 영상 제작이란 야외나 스튜디오에서 촬영과 녹음을 하는 것을 의미했다. 그러나 현재 영상 제작은 비디오와 오디오 모두 컴퓨터나 인공지능으로 생성할 수 있게 됐다. 이런 점에서 영상을 시청각적 요소를 구성하는 미디어라고 새롭게 정의할 수 있다.

시각 예술은 회화, 조각, 건축처럼 인간의 시각으로 감상할 수 있는 예술로 정의할 수 있다. 그러나 미디어 기술의 발전으로 현대의 시각 예술은 사진, 영화, 디자인, 이벤트, 퍼포먼스, 비디오 아트, 디지털 아트까지 확장되고 있다. 그리고 영상이 시청각 미디어로 발전했지만 여전히 시각적 요소를 중심으로 한 예술적 표현과 경험이 강조되므로 시각 예술에 포함될 수 있다.

자동화와 인공지능

마노비치에 따르면 우리는 지난 50년 동안 인간 고유의 능력이나 기술이 컴퓨터 기술에 의해 자동화될 때 인공지능이라고 불렀고 그 자동화가 완성됐을 때 더 이상 인공지능이라고 부르지 않는 경향이 있다. 자동화 기술은 이미 초기 컴퓨터 미디어 도구에 존재했다.

1963년도 최초의 인터랙티브 드로잉 및 디자인 시스템인 이반 서덜랜드(Ivan Sutherland)의 스케치 패드

(sketchpad)에는 기하학적 도형을 쉽게 그릴 수 있는 자동화 기능이 있었다. 예를 들어 동그라미를 대충 그려도 완벽한 원형을 자동으로 만들어 줬다. 또 1984년에 처음 출시된 매킨토시의 맥페인트라는 그림 도구는 지정된 영역에 색을 자동으로 채웠다. 1990년에 출시한 어도비 포토샵 1.0의 자동 선택 도구(Magic wand tool)는 사용자가 이미지의 윤곽선 부분을 클릭하면 기계가 해당 지점의 색상값을 기준으로 유사한 색상의 픽셀을 자동으로 선택했다. 2002년 포토샵 7.0에서 소개된 복구 브러시 도구(Healing Brush Tool)는 인물 사진에서 피부의 잡티를 자동으로 제거하고 제거한 부분을 주변 피부와 자연스럽게 어우러지게 수정했다. 이러한 초기 포토샵의 자동화 기능은 규칙(Rule) 기반의 알고리즘을 사용해 비교적 간단한 연산에 따라 작업을 수행했다. 규칙 기반 시스템은 '만약 ~하다면 ~하라'와 같은 조건문(if-then)을 사용해 전문가가 컴퓨터에게 문제를 해결하는 방법을 알려 주는 시스템이다. 알고리즘은 특정 문제를 해결하기 위한 명확하고 논리적인 절차나 방법을 의미한다.

2010년 포토샵 CS5에서 공개한 콘텐츠 인식 채우기(Content Aware Fill)는 사진에서 불필요한 물체를 선택해서 제거하고 그 제거한 부분을 그 주변 배경과 자연스럽게 어우러지도록 채우는 도구다. 초기 버전에서는 기본적인 패턴 인식 알고리즘을 사용했지만, 최신 버전에서는 규칙 기반 시스템과 대비되는 기계 학습 기반 시스템인 딥러닝(Deep Learning) 기술을 사용해 더 정교하고 자연스러운 결과를 제공하고 있다. 이 도구는 선택한 영역의 주변 픽셀을 분석해서 그 텍스처, 패턴, 색상을 인식해 선택 영역과 자연스럽게 어울릴 수 있도록 주변 픽셀을 채운다. 딥러닝은 기계가 데이터를 분석해 스스로 규칙을 도출하고 학습하는 기계 학습의 한 분야로 인공신경망(Artificial Neural Networks)의 깊은 층을 활용해 데이터를 분석하고 패턴을 학습한다.

현재 생성형 인공지능 역시 초기 포토샵의 규칙 기반의 알고리즘과 달리 복잡한 심층 신경망을 활용해 이미지의 맥락을 이해하고 자동으로 새로운 데이터를 생성해 실제처럼 자연스럽게 보이도록 하는 것을 목표로 한다. 인공지능을 넓게 보면 인간의 인지 능력을 자동화하는 기술 및 방법론을 의미하지만 아직 완성 단계에 이르지 못했다. 현재 인공지능은 특정한 일을 인간 대신 해주는 대리인라고 할 수 있다. 생성형 인공지능이 무엇을 그릴지 선택하는 것은 주체인 인간이다.

참고문헌

권승태(2017). 이미지와 언어를 통합하는 영화의 프레임 - 프레임의 이중성 : 현실과 상상. ≪미술문화연구≫ 10, 27–50쪽.

장마리 플로슈(2017). 『비주얼 아이텐티티』. 커뮤니케이션북스.

Ann Marie Seward Barry(1997/2017). *Visual Intelligence: Perception, Image, and Manipulation in Visual Communication.* State university of New York press.

02
영상 기술과 인공지능

기계적 재현 기술은 15세기 카메라 옵스큐라에서 시작해 19세기 헬리오그래피, 다게레오타이프, 캘러타이프, 콜로디온 습판, 젤라틴 건판을 거쳐 마침내 필름으로 완성됐다. 20세기 텔레비전 기술은 영상을 실시간 미디어로 확장했다. 21세기에 실제를 단순히 모방하던 기계는 지능을 갖게 되면서 영상을 인식하고 재구성해 실재하지 않는 상상의 세계를 창조한다.

재현 이미지의 자동화 - 사진과 영화

시각 예술에서 자동화의 역사는 카메라 옵스큐라까지 올라갈 수 있으나 본격적으로 기계가 자동으로 만든 이미지는 사진과 영화다. 1826년 니엡스가 최초의 사진을 만드는 데 성공했지만 약 여덟 시간에서 며칠 동안의 긴 노출이 필요했고 거친 품질과 복잡한 제작 과정이란 한계를 가져 대중화되지 못했다.

1839년에 프랑스 화가인 루이 다게르(Louis Daguerre)는 몇 분에서 30분 정도 노출 시간이 필요한 다게레오타이프(Daguerreotype)를 발표했다. 다게레오타이프는 은도금 구리판에 빛을 노출해 이미지를 형성하고 판을 고정액에 담가 이미지를 고정하는 방법이다. 1840년대 다게레오타이프 사진관이 유럽과 미국 전역에 설립되면서 상류층이나 부유한 중산층이 사진관을 방문해 자신의 초상 사진을 찍을 수 있게 됐다. 이는 이전에 전문 화가에게 의뢰해야 했던 초상화를 대체할 수 있는 경제적이고 빠른 방법이었다. 다게레오타이프는 세밀하고 사실적인 이미지를 만들어 냈지만 복제가 불가능해 촬영한 사진이 유일한 작품이 됐다. 그러므로 다게레오타이프 사진은 기술 복제의 사진이 아니라 원본성을 가진 자동 재현의 그림이었다.

1841년 윌리엄 헨리 폭스 탤벗(William Henry Fox Talbot)이 캘러타이프(Calotype)를 개발했다. 캘러타이프는 종이 네거티브에 감광액을 발라 빛에 노출시켜 이미지를 형성한 후 이를 다시 포지티브에 인쇄하는 방식으로 음화에서 양화를 얻는 복제 사진의 공정이다. 캘러타이프는 종이를 사용하기 때문에 다게레오타이프보다 이미지가 거칠고 흐릿했지만 가격이 싸고 대량 인쇄가 가능했다.

1851년 프레데릭 스콧 아처(Frederick Scott Archer)는 콜로디온 습판법(Collodion Wet Plate)을 개발해 유리판에 고해상도 이미지를 찍을 수 있게 됐다. 이는 다게레오타이프보다 더 선명하면서도 복제 가능한 사진을 제공했다. 콜로디온 습판 기법으로 대량 생산이 가능해지면서 비용이 크게 감소해 부유층이 아니라 일반인도 사진을 촬영할 수 있게 됐다. 그러나 모든 과정이 유리판이 젖어 있는 상태에서 진행되므로 촬영하면 곧바로 암실에서 현상을 해야 했다. 그래서 야외 촬영을 하려면 휴대용 암실을 마차나 수레에 싣고 다녀야 했다.

1871년 리처드 리치 매독스(Richard Leach Maddox)가 개발한 젤라틴 건판(Gelatin Dry Plate)은 콜로디온 습판법과 달리 촬영 후 현상을 나중에 할 수 있는 휴대성을 가졌고 감도가 높아 짧은 노출 시간에 촬영이 가능해 움직이는 물체 촬영에도 유리했다. 젤라틴 건판을 사용하는 카메라는 휴대용으로 가지고 다니면서 다양한 전시 사진, 야외 촬영, 다큐멘터리 사진, 예술 사진, 과학적 연구 등에 사용되었다. 이러한 젤라틴 건판의 휴대성, 기동성, 대량 생산성은 현대 사진의 시대를 열었다고 할 수 있다.

1888년 조지 이스트먼(George Eastman)은 유리판 대신 유연한 셀룰로이드 기판(Celluloid Base)을 사용해 가볍고 유연한 필름(film)을 발명했다. 필름은 유리판보다 훨씬 가벼워 카메라를 소형화해서 휴대성을 크게 향상했다. 또한 필름은 롤(roll) 형태로 제작되어 연속적인 촬영이 가능했다. 이는 사용의 편리성과 속도를 크게 개선했다. 이스트먼 코닥 회사는 "버튼만 눌러요, 나머지는 우리가 알아서 합니다(You press the button, we do the rest)"라는 슬로건으로 유명한 최초의 상업용 코닥 카메라를 출시했다. 이 카메라는 사진 촬영의 대중화를 이끄는 데 중요한 역할을 했다.

토머스 에디슨(Thomas Edison)은 1891년에 윌리엄 딕슨(William Kennedy Laurie Dickson)과 함께 키네토스코프(Kinetoscope)를 개발했다. 키네토스코프는 셀룰로

이드 필름을 사용해 연속적인 이미지 프레임을 빠르게 이동시키고, 이를 조명과 셔터 시스템을 통해 매끄러운 움직임으로 재생하는 장치였다. 관람자는 키네토스코프 상단의 작은 구멍을 통해 영상을 볼 수 있었다. 이는 개인이 한 번에 하나의 영상을 관람할 수 있는 방식이었다. 1895년 루이 뤼미에르(Louis Lumière)와 오귀스트 뤼미에르(Auguste Lumière)는 셀룰로이드 필름을 사용해 시네마토그래프를 개발했고, 파리의 그랑 카페에서 최초의 상업적인 영화 상영을 개최했다.

과거 회화나 초상화 그리고 다게레오타이프 같은 초기 사진은 귀족이나 부르주아지 같은 특권층만 향유할 수 있었지만 사진이 복제되고 카메라가 소형화하고 영화를 극장에서 상영하게 되면서 영상은 대중문화로 자리 잡게 됐다. 그리고 사진은 처음에는 기록 미디어였지만 많은 사진작가들이 상징적이고 창의적인 작품을 만들면서 예술 미디어로 인정됐다. 필름 카메라는 사진을 대중화했을 뿐만 아니라 기계와 협업을 통한 시각 예술의 새로운 시대를 열었다고 할 수 있다. 그러나 영화 제작은 아직 전문가의 몫이었다. 고가의 영화 카메라와 필름 비용을 댈 수 있는 개인이 드물었기 때문이다.

실시간 이미지의 자동화 – TV와 비디오

필름이 기록하는 것은 현재가 아니라 지나간 과거의 시간이다. 실시간의 이미지를 보기 위해 또 다른 기술이 필요했다. 1920년대 빛을 전기 신호로 바꾸고 멀리까지 빛의 속도로 전송한 후 다시 빛으로 복원하는 기술인 텔레비전(Television)이 개발되면서 비로소 이미지가 실시간으로 살아 움직이기 시작했다. 초창기 방송은 모두 생방송이었다. 그러나 미국의 뉴욕과 LA처럼 시간대가 현격히 다른 경우 동시에 생방송하는 것은 불가능했다. 뉴욕의 아침 방송을 LA의 한밤중에 방송할 수는 없기 때문이다. 그러므로 뉴욕의 아침 생방송을 필름으로 녹화해 LA의 아침 시간대에 방송해야 했다. 1954년 미국 방송국에서 사용한 필름의 양이 할리우드의 모든 스튜디오에서 촬영한 필름 양보다 많았다. 방송국 엔지니어는 천문학적인 필름 비용을 해결하기 위해 새로운 녹화 매체를 개발해야 했다. 1956년 엠펙스(Ampex)는 최초로 2인치 퀀드러플렉스(Quandruplex) 비디오테이프를 개발했다. 그리고 그해 11월30일 CBS는 역사상 처음으로 비디오테이프리코더(Ampex VRX-1000)를 이용해 녹화 방송을 했다. 당시 비디오 리코더 가격은 5천만 원이 넘을 정도로 비쌌지만 필름 제작비보다는 저렴했기에 비디오가 필름을 대체하고 전자 영상 시대를 열었다. 그러나 이후 한동안 비디오는 방송국에서만 사용할 정도로 고가의 기기였다. 1976년 VHS(Video Home System) 포맷이 가정용 비디오로 대중적으로 사용됐고 1980년대에는 가정용 캠코더가 보급되고 1995년 미니 DV 포맷의 디지털 캠코더가 출현하면서 일반인도 영상 제작을 할 수 있게 되었으며 2010년대 스마트폰으로 비디오를 촬영하게 되면서 영상 제작 역시 대중화를 실현했다.

기계 시각

필름 카메라이든 비디오카메라이든 초창기 카메라는 실제를 있는 그대로 이미지로 기록하는 단순한 기계였다. 카메라는 렌즈로 들어오는 이미지가 무엇인지 관심도, 파악할 수 있는 능력도 없었다. 나름대로 똑똑한 기계인 초창기 컴퓨터는 수를 잘 계산하고 텍스트를 잘 찾아냈지만, 인간에게 너무 쉬운 일인 고양이와 개를 구분하는 것이 불가능했다. 그래서 기계가 이미지를 인식하기 위해서는 인간이 이미지 하나하나에 문자로 된 메타데이터를 달아 줘야 했다. 기계가 스스로 이미지를 파악하려면 기계가 기본적으로 인간처럼 스스로 이미지를 학습하고 거기서 패턴을 찾아 서로 다른 이미지를 구분할 수 있는 지능이 필요했다.

1950년에 앨런 튜링이 "계산 기계와 지능(Computing Machinery and Intelligence)" 논문을 발표하며 인공지능의 개념을 제시하고 튜링 테스트를 제안했다. 그리고 1956년 '인공지능(Artificial Intelligence)'이라는 용어가 다트머스 회의에서 처음 사용되었다. 이 회의는 기호주의 인공지능(Symbolic AI)의 출발점이었다. 기호주의 인공지능은 규칙 기반의 시스템으로 인간의 지식 표현 및 추론 방식을 모방해 기호와 규칙을 중심으로 지능을 구현하는 인공지능의 한 분야다.

1958년 프랭크 로젠블랫(Frank Rosenblatt)이 뇌의 뉴런이 작동하는 방식을 모방해 가장 간단한 인공 신경망 모델인 퍼셉트론(Perceptron)을 제안하면서 연결주의 인공지능(Connectionist AI)이 시작됐다. 연결주의 인공지능은 기계 학습 기반 시스템으로 인간의 뇌 구조와 작동 방식을 모방해 인공 신경망을 통해 지능을 구현하는 인공지능의 한 분야다. 연결주의는 인공 뉴런의 연결과 데이터로부터 문제를 푸는 접근 방식이다. 퍼셉트론은 데이터를 정확하게 분류하는 것이 목표였다. 그러나 퍼셉트론은 단일 계층으로 구성되어 있어, 복잡한 패턴 인식이나 고차원 데이터 분류에 적합하지 않았다. 이러한 한계로 인공지능 연구는 기호주의로 방향을 틀게 됐다. 기호주의 방식에 따라 컴퓨터가 개와 고양이를 구분하려면 인간이 개와 고양이의 특징을 일반화해서 규칙을 만들어 주고 컴퓨터는 그 규칙에 따라 개와 고양이를 구분한다. 그러나 개와 고양이를 구분하는 데 필요한 특징을 완벽하게 추출하고 정의하는 것은 매우 어려운 작업이다. 왜냐하면 개와 고양이는 품종과 변이가 너무 많기 때문이다.

1960년대 다층 퍼셉트론 개념이 등장하고 1980년대 제프리 힌턴(Geoffrey Hinton)과 동료들이 역전파(backpropagation) 알고리즘을 개발하면서 다층 퍼셉트론의 학습이 가능해졌고 1990년대 컴퓨터 성능이 향상되고 빅데이터 기술이 발전하면서 2000년대 다층 퍼셉트론의 발전은 딥러닝으로 이어졌다.

2012년 기계가 이미지를 인간만큼 인식할 수 있는 가능성을 보여 준 사건이 있었다. 이미지넷 대회(ImageNet Large Scale Visual Recognition Challenge)는 2010년에 시작해서 2017년까지 매년 개최되면서 대규모 데이터세트인 이미지넷을 사용해 이미지 인식, 객체 검출, 객체 위치 추정 등의 과제를 수행했다. 2012년 제프리 힌턴의 제자인 알렉스 크리제브스키(Alex Krizhevsky)와 일리야

수츠케버(Ilya Sutskever)가 개발한 알렉스넷(AlexNet)이 15.3퍼센트의 오류율을 보이며 획기적으로 인식률을 높였다. 이는 기존 한계치인 26.2퍼센트를 큰 폭으로 개선한 것이다. 기존의 기호주의 인공지능 모델과 달리 알렉스넷은 합성곱 신경망(Convolutional Neural Network: CNN) 모델로 압도적인 성능을 보여 주면서 딥러닝의 가능성을 입증했다. CNN은 이미지를 여러 개의 작은 부분(커널, Kernel)으로 나누어 각 부분의 특징을 추출해 이미지 인식률을 향상했다. 이후 딥러닝 기술을 더 발전시킨 팀들이 참여하게 되면서 2016년 5퍼센트까지 오류율을 감소시켜 기계가 인간처럼 이미지를 정확히 인식하는 시대를 열었다. 이 사건은 연결주의의 부활을 알리는 신호였다. 이후 딥러닝 기술 덕분에 기계는 자연어 처리와 이미지 생성을 하면서 단순히 세상을 재현하는 것이 아니라 상상의 세계까지 창조하게 된다.

참고문헌

권승태, 장일(2021). 『디지털영상편집』. 한국방송통신대학교출판문화원.

레프 마노비치(2014). 『뉴미디어의 언어』. 커뮤니케이션북스.

이재현(2023). 『인공지능과 알고리듬 사회』. 컴북스캠퍼스.

홍정한, 변형균(2024). 『멀티모달 생성 AI 인사이드』. 한빛미디어.

Lev Manovich & Emanuele Arielli(2021~2024), Artificial aesthetics: Generative AI, art, and visual media, http://manovich.net/index.php/projects/artificial-aesthetics

03
크리에이터와 인공지능

크리에이터는 미디어를 활용해서 영상을 제작해 사용자와 소통하는 일반인으로서 자신의 재능, 미적 취향, 스타일을 통해 대중에게 영향을 미치고 수익을 얻고 있다. 현 사회는 크리에이터가 중심이 되는 미학 사회다. 기존 영상을 리믹싱한 밈을 통해 인기를 얻은 크리에이터는 전통적 미디어에서 금기된 점프컷을 보편적 영상 언어로 만들고 인공지능을 도구로 삼아 생산성과 창의성을 향상한다.

크리에이터 시대

크리에이터(creator)는 디지털 세계에서 콘텐츠를 만드는 사람으로 간주된다. 유튜버가 대표적인 크리에이터로 영상 콘텐츠를 제작해서 유튜브에 업로드해 수익을 얻는다. 그 외 틱톡, 릴스, 인스타그램, 페이스북 등 다양한 SNS 플랫폼에서 자신만의 영상 콘텐츠를 업로드하는 제작자 역시 크리에이터다. 크리에이터는 크게 녹화해 콘텐츠를 올리는 영상 제작자와 실시간으로 콘텐츠를 방송하는 스트리머(streamer)가 있다. 그러나 게임 제작자, 게임 아이템 제작자, 게임 스트리머, 웹툰 작가, 이모티콘 제작자, 제페토 스킨 제작자, 블로거, 트위터 등도 넓게 보면 크리에이터라고 할 수 있다.

이인화는 게임 분야의 크리에이터가 신흥 지배 집단이 됐다고 말하면서 현대 사회를 크리에이터 중심 사회로 불렀다. 2000년대 초반 리니지 2 같은 대규모 다중 사용자 온라인 롤플레잉 게임(MMORPG)이 유행하던 시절 게임의 지배자는 킬러였다. 공성전 위주의 게임에서 킬러들이 그 세계를 지배했고 아이템 제작자들은 그들을 돕는 평민에 불과했다. 그러나 현재 로블록스(Roblox) 같은 생활형 가상 세계에서는 참여 정신, 협업 문화, 기술 친숙성을 가진 크리에이터가 목적 지향성, 경쟁 문화, 전투 친숙성을 가진 킬러를 압도한다.

마노비치도 인스타그램에서 디자인된 사진을 올려 스타일을 선도하는 인스타그래머를 어도비 계급이라고 불렀다. 어도비 계급은 어도비 소프트웨어를 자유자재로 활용하면서 자신만의 개성 있는 이미지를 제작해 인스타그램 같은 소셜 미디어에서 많은 사람들과 공유하는 크리에이터를 말한다. 마노비치는 크리에이터들이 자신의 미적인 취향과 스타일을 통해 많은 사람들에게 영향을 끼치면서 인플루언서가 되어 많은 수익을 얻고 있는 현 사회를 미학 사회(Aesthetic society)로 부르기도 했다. 또한『The Rise of the Creative Class』(2002)란 책을 쓴 리처드 플로리다(Richard Florida)는 창조 계급이 이미 2000년대 미국 노동력의 30퍼센트를 차지한다고 주장한다. 그가 말하는 창조 계급은 단순히 특정 직업군을 의미하는 것이 아니라, 창의성을 바탕으로 새로운 가치를 창출하고 사회 변화를 이끄는 사람들의 집합이다. 한국 역시 현재 영화, 드라마, 팝, 게임, 웹툰 등에서 전 세계적인 인기를 얻으면서 창조 계급이 경제적 파워로 급속히 부상하고 있다. 2024년 6월 네이버 웹툰의 모회사인 웹툰 엔터테인먼트가 한국 콘텐츠 기업으로는 최초로 미국 나스닥 증시에 상장했다.

크리에이터의 스타일과 도구

크리에이터는 언제 시작된 것일까? 영화감독, 방송국 프로듀서 같은 영상 제작자는 크리에이터의 원조라 할 수 있다. 그러나 그들은 소수의 전문가이므로 크리에이터 사회를 만들 수 없었다. 현재 크리에이터는 전문가이자 동시에 일반인이다. 일반인이 영화감독이나 프로듀서의 역량을 갖추게 되면서 크리에이터 사회가 된 것이다. 대표적인 크리에이터인 유튜버가 나타나기 시작한 것은 2004년 유튜브 채널이 출시되고 유튜브가 정체성을 사용자 제작 콘텐츠(User Generated Contents:UGC) 플랫폼으로 정립하게 되면서 유튜버의 비즈니스를 적극적으로 지원하면서부터다. 유튜브 초창기 아마추어들이 올린 홈 비디오가 밈(meme)으로 유행하게 되면서 UGC의 수익화 가능성을 본 구글은 파트너 프로그램을 통해 유튜버와 광고 수익을 공유했다. 인기 유튜버들이 큰 수익을 거두게 되자 이들을 따라 하려는 일반인들이 유튜버에 도전하게 되면서 유튜버 수가 폭발적으로 증가했다.

밈으로 인기를 끈 초창기 유튜브 콘텐츠의 주된 스타일은 기존 영상의 리믹싱(remixing)이었다. 영상 편집기가 디지털화하면서 유튜버들은 자유롭게 기존 영상을 섞어 새로운 콘텐츠를 창조했다. 또한 디지털 기기가 텍스트, 오디오, 비디오, 그래픽, 사진 등 다양한 미디어를 자유롭게 섞을 수 있는 실험의 장이 되면서 유튜버들의 영상은 기존 영상과 달리 혼종적인 성격을 갖게 됐다. 기존 영상이 비디오와 독립적인 자막을 보여 줬다면 유튜버 영상은 자막이 비디오 속 인물의 동작과 함께 움직이면서 마치 비디오와 하나인 것처럼 섞이게 했다. 과거 영화의 그래픽 부서에서만 가능했던 실사와 그래픽의 합성도 유튜버들은 비교적 저렴한 어도비 애프터 이펙트(Adobe After effects) 같은 소프트웨어를 활용해 실현했다. 현재 무료로 쓸 수 있는 캡컷(Capcut) 같은 소셜 미디어용 편집기도 누구나 쉽게 한 인물을 가상의 그래픽과 합성할 수 있도록 돕는 자동화 기능을 제공한다.

현재 크리에이터의 차별적인 스타일은 점프컷(jumpcut)이다. 점프컷은 인물의 동작과 극의 시간이 점프하는 컷으로 극의 연속성을 깨는 편집이다. 점프컷은 과거 방송에서 특별한 드라마 연출 상황이 아니라면 금기하는 편집 방식이었다. 그러나 유튜버들은 기존 편집 문법을 파괴하더라도 내용을 빠르게 전달하는 것을 중시했기에 꼭 필요하지 않은 장면을 거침없이 커트했다. 더욱이 스마트폰의 작은 디스플레이로 시청하는 젊은

세대에게 컷이 튀는 것은 문제가 되지 않았다. 그러면서 점프컷은 크리에이터 시대의 보편적인 영상 언어가 됐다.

크리에이터의 작업은 과거 아날로그 제작자보다 더 협력적이고 효율적이다. 그들은 비핸스(behance)나 아트스테이션(artstation) 같은 작품 공유 사이트와 셔터스톡(shutterstock)이나 어도비 스톡(adobe stock) 같은 에셋(asset) 공유 사이트에 자신의 작품이나 에셋을 공유하고 다른 사람들의 작품이나 에셋을 창작의 재료로 삼기도 한다. 에셋은 비디오, 오디오, 이미지, 그래픽, 음악, 음향 효과, 3D 모델, 텍스처, 텍스트 효과, 트랜지션 효과 등 영상 제작에 사용하는 다양한 디지털 자료다. 에셋, 템플릿(template), 파라미터(parameter) 등은 다른 예술가와 협업을 가능케 하는 크리에이터의 창작 도구다. 템플릿은 사용자가 쉽게 영상을 제작할 수 있도록 레이아웃, 그래픽, 애니메이션, 효과 등을 미리 설정한 파일이다. 파라미터는 에셋이나 템플릿의 특정 속성을 조절하는 값을 말한다. 크리에이터는 에셋, 템플릿, 파라미터를 적극적으로 활용해 효율적인 영상 제작 환경을 구축하고 있다.

인간 크리에이터와 기계 크리에이터

인공지능이 발전하면서 향후 각 분야에서 많은 직업이 기계에 의해 대체될 것이다. 크리에이터 산업의 업무까지 인공지능이 대신할 수 있다. 그러나 사라지는 직업만큼 새로운 직업이 생길 것이다. 영화가 필름 제작에서 디지털 제작으로 바뀌게 되면서 제작 현장에서 필름을 로딩하고 촬영된 필름을 꺼내어 안전하게 보관하고 운반했던 필름 로더(film loader) 같은 직업이 사라졌지만 촬영된 디지털 데이터를 관리하고 백업해 포스트 프로덕션 팀에게 데이터를 안전하게 전달하는 데이터 매니저(Data manager)라는 직업이 새로 생겼다. 과거 조연출자가 했던 자막 편집과 멀티 카메라 편집처럼 단순 반복적인 업무는 현재 인공지능이 대신할 수 있다. 조연출자는 이제 그러한 일을 할 수 있는 인공지능을 찾아 일을 시키고 인공지능이 벌어 준 시간으로 좀 더 창의적인 일을 하거나 자신만의 시간을 가질 수 있을 것이다. 그리고 연출자는 편집의 최종 선택을 한다는 점에서 변함이 없을 것이다. 왜냐하면 인공지능이 최종 선택을 한다면 그것은 인공지능의 작품이 되기 때문이다. 즉, 자신의 저작권을 요구하기 위해 인간은 인공지능과 협업한다고 하더라도 자신만의 가치를 창조해야 한다.

만약 인공지능이 자동으로 모든 것을 만든다면 그것은 인공지능의 작품으로, 인간의 창작물과 분명 구분될 것이다. 그것은 두 가지 이유에서 그렇다. 첫째, 아직 인공지능은 자신만의 경험으로부터 출발한 취향과 감정을 가질 수 없기 때문에 인간과 같은 독창성을 발휘할 수 없다. 특히 인간의 조건인 인간 고유의 불완전성, 즉 완벽하지 못하다는 한계에서 예술이 출발해 그것을 극복하는 과정에서 새로운 가치가 창출될 수 있다. 그러므로 인간의 조건을 갖지 못한 기계가 만든 작품을 예술로 인정하기는 힘들 것이다. 둘째, 인간은 비인간 존재와 경쟁하지 않는다는 점이다. 올림픽 100미터 달리기 대회에 자동차나 치타가 출전하지 않는다. 그리고 원숭이가 셔터를 누른 사진이 우연찮게 예술 사진처럼 보이더라도 그것을 예술로 인정하지 않는다. 기존 데이터를 학습한 인공지능이더라도 재구성하는 과정에서 우연찮게 세상에 없는 새로운 스타일을 만들어 낼 수 있다. 그러나 그것은 기계적 산물이므로 인간이 만든 작품과 명확히 구분될 것이므로 기계가 인간의 예술을 대체할 수는 없다. 크리에이터 사회나 미학 사회에서 중심은 여전히 자신만의 취향과 스타일을 갖고 있는 인간이 될 것이다. 그러므로 크리에이터 직종은 인공지능 시대에 더 확대될 전

망이다.

참고문헌

로버트 킨슬, 마니 페이반(2018). 『유튜브 레볼루션』. 더퀘스트.
이인화(2021). 『메타버스란 무엇인가』. 스토리프렌즈.
케빈 알로카(2018). 『유튜브 컬처』. 스타리치북스.
Lev Manovich(2017). Instagram and contemporary image. https://manovich.net/index.php/projects/instagram-and-contemporary-image
Richard Florida(2019). *The rise of the creative class*, Basic Books

04
미술과 인공지능

현대 미술은 전통적인 손의 숙련된 기술보다 개인의 독창적 표현, 새로운 형식 실험, 사회적 메시지를 더 중시한다. 인공지능은 시각적 기술에서는 과거 장인의 경지에 올랐지만 아이디어 면에서는 현대 미술가의 영역에 들어서지 못했다. 반대로 현대 미술가는 인공지능과 데이터를 활용해 데이터베이스 예술을 시도하고 있다.

현대 미술과 개념 미술

현대 미술에 대한 일반적인 개념은 19세기 말 인상주의와 상징주의, 20세기 초 표현주의, 초현실주의, 입체주의, 미래주의 등에서 출발했다. 현대 미술은 오랜 훈련을 통해 터득하는 전통적인 손의 숙련된 기술보다는 개인의 독창적 표현, 기존 형식의 파괴와 새로운 형식의 실험, 사회적 메시지를 더 중시한다.

현대 미술은 회화와 조각에서 벗어나 다양한 미디엄을 활용하거나 설치 미술이나 환경 미술, 또는 퍼포먼스를 통해 새로운 창작 공간을 실험하기도 한다. 마르셀 뒤샹의 〈샘〉은 소변기를 뒤집어 샘이라고 적어 전시한 작품으로 기성품이라는 사전적 의미의 레디메이드(Readymade)라는 새로운 예술 개념을 제시했다. 또 뒤샹은 개념 미술(Conceptual Art)의 선구자로서 예술의 기준을 물리적 형태나 기술적 완성도가 아니라 개념에 두었다. 중요한 것은 물건 자체가 아니라 그 물건을 예술로 설득하는 아이디어에 있다. 예술은 이제 기존의 전시장에서 벗어나 생활 속에서 발견하고 경험할 수 있는 것도 예술로 설명할 수 있다면 예술이 될 수 있다.

그러나 20세기 초반까지는 여전히 예술가는 드로잉, 원근법, 구도 등의 전문 기술을 습득하기 위해 오랜 훈련이 필요하다고 생각했다. 개념 미술이 본격적으로 현대 미술의 중심이 된 것은 1960년대 말 이후였다. 이때부터 시각적 기술보다는 의미론적 기술이 더 중요해졌고 미술 평론가들이 예술 작품의 의미에 대해 깊이 있게 토론하기 시작했다. 현대 미술은 비평가가 카탈로그에 작품을 어떻게 설명하는지가 중요하기 때문에 예술가의 능력 역시 전통적인 기술보다는 미술사적 흐름 속에서 새로운 가치를 부여하는 말의 능력이 더 중요해졌다. 그러면서 과거 예술이 담당했던 어떤 기술 또는 아름다움을 창조하거나 감정을 불러일으키는 역할은 20세기 영화, 공연, 뮤지컬, 뮤직비디오 같은 대중문화의 몫이 됐다. 21세기에는 인스타그램(Instagram), 핀터레스트(Pinterest), 비핸스 같은 소셜 미디어와 창작품 커뮤니티가 그런 역할을 하고 있다.

인공지능 그림

마노비치에 따르면 현대 미술의 개념과 의미가 현재의 시각 문화를 완전히 장악한 것은 아니다. 19세기 사실주의와 20세기 모더니즘의 인기 있는 작품들이 수많은 예술 웹사이트, 소셜 미디어 갤러리 같은 뉴미디어의 가상 공간에 자주 등장하면서 그러한 시각적 언어를 사용한 작품들이 현대 미술로 여겨지고 있다. 인공지능 역시 그러한 구상 미술과 추상 미술을 학습하면서 익숙한 패턴과 스타일의 작품을 가상 공간에서 생성하고 있다. 달리나 미드저니 같은 범용 생성형 인공지능 모델에게 그냥 꽃을 그려 달라고 하면 그 모델의 디폴트(default) 스타일로 그려 주지만 고흐 스타일로 그림을 그려 달라고 요구하면 고흐 특유의 두꺼운 붓 터치와 소용돌이치는 선으로 마치 고흐가 그린 것처럼 그려 준다. 생성형 인공지능은 고흐뿐만 아니라 미술사의 유명 작가들의 작품들을 학습해 그 패턴을 능수능란하게 표현한다.

그러나 인공지능의 작품은 인간 작품처럼 세부적인 영역에서 독창성을 발휘하기 어렵다. 왜냐하면 인공지능은 미술사에 존재하지 않는 특정 작가의 특이한 작품은 학습하지 않기 때문이다. 즉, 인공지능은 수많은 작가들의 독특한 미술 세계는 무시한 채 유명 작품이나 작가의 스타일만을 모방하거나 재구성하는 것이기 때문에 그 결과물 역시 어디서 본 듯한 평균적이고 상투적인 작품이 되기 쉽다. 그리고 아직 미드저니나 스테이블 디퓨전(Stable diffusion) 같은 도구를 활용해 이미지를 생성할 때 세부적인 것까지 수정하거나 나만의 스타일을 추가하기가 어렵다. 물론 앞으로 인공지능 기술이 발전해

누구나 쉽게 흔치 않은 특정 스타일을 인공지능에게 학습시킬 수 있다면 그 결과물의 독창성은 크게 향상될 것이다.

인공지능은 기존 작품의 시각적 특징을 섞어 새로운 작품을 생성할 수는 있지만 세잔, 뒤샹, 피카소같이 기존의 미학을 완전히 뒤집는 새로운 작품을 출력하기는 힘들다. 인공지능은 미술사의 이론을 학습해 기존 작품의 가치를 평가하고 기존 작품과 닮은 그럴듯한 작품을 생성할 수 있지만 인간처럼 맥락적 이해와 직관적 판단을 통해 작품에 새로운 예술적 가치를 부여하기는 힘들다. 즉, 인공지능은 시각적 기술에서는 과거 장인의 경지까지 올라섰지만 의미나 아이디어 면에서는 현대 미술가의 영역에 들어서지 못했다고 할 수 있다.

인공지능으로 그림을 생성할 때 그냥 특정 주제로 그려 달라고 하기보다 특정 양식을 지정하거나 특정 화가의 스타일로 그려 달라고 요구하는 것이 좋다. 그리고 프롬프트를 작성할 때 형식과 내용을 일치시키는 것이 중요하다. 예를 들어 밝고 생동감 있는 색상으로 가득 차 있는 자연의 아름다움을 강조하는 낭만주의 화가 윌리엄 터너(William Turner)의 스타일로 3024년의 LA를 그려 달라고 하면 SF 영화에서 보는 듯한 상투적인 차가운 디스토피아 이미지를 얻기 힘들 수 있다. 즉, 주제와 스타일이 서로 연관성을 갖지 않으면 좋은 결과물이 나오기 힘들다. 그러므로 미래 사회의 첨단 도시는 미래 지향적인 비주얼과 첨단 기술을 테마로 한 작품으로 유명한 시드 미드(Syd Mead)의 스타일로 그려 달라고 프롬프트를 입력해야 한다. 그러나 시드 미드의 작품은 터너나 고흐의 작품과 달리 아직 저작권이 살아 있어서 결과물이 안 나올 수 있다. 그때는 그냥 사이버펑크 스타일로 유명한 SF 영화 〈블레이드 러너(Blade Runner)〉(1993)처럼 그려 달라고 하면 적당한 결과물이 나올 수 있다. 미술사를 학습한 기계는 터너와 자연의 아름다움을 서로 가깝게 분류하고 이와 먼 곳에 시드 미드와 사이버펑크를 같은 범주로 분류한다.

인공지능 미술의 저작권

인공지능이 만든 작품은 저작권을 인정받을 수 있을까? 한국 저작권법 제2조 제1호에 따르면 "저작물은 인간의 사상 또는 감정을 표현한 창작물을 의미"한다. 그러므로 인간이 아닌 AI가 만들어 낸 산출물 자체에 대해서는 저작물성을 인정하지 않는다. 한국저작권위원회의 생성형 AI 저작권 안내서는 "AI 산출물에 수정 · 증감 또는 편집·배열 등의 작업을 통해 인간의 창작성이 부가된 경우 해당 부분에 대해서는 저작물성 인정 가능"이라고 적어 놓고 있다. 인간의 창작물이라는 조건은 창작을 영혼과 의지를 가진 인간만의 영역으로 보는 관점을 갖는다. 그리고 인간의 작품이더라도 창의적인 기여가 있어야 한다는 입장이다.

현재 많은 작가들은 과거처럼 직접 그림을 그리지 않고 인공지능에게 그림을 그리도록 일을 시킨다. 그렇다면 인간의 지도하에 인공지능이 생성한 작품은 저작권이 인정될까? 현대 미술의 대표적 작가 중 한 명인 제프 쿤스(Jeff Koons)의 풍선 개(Balloon Dog) 시리즈나 토끼 조각(Rabbit)은 그의 예술적 비전과 지시에 따라 많은 조수들과 전문 기술가들의 협력으로 탄생했다. 조영남 화가가 자신이 직접 그리지 않은 화투 시리즈를 자신의 이름으로 전시해 사기죄로 법정에 섰지만 2020년 대법원에서 최종 무죄 판결이 났다. 화가가 자신이 직접 그리지 않고 조수가 그림을 그리더라도 아이디어의 독창성을 설명할 수 있다면 저작권을 인정받을 수 있다는 의미다. 현대 미술의 창작 과정에서 타인의 도움을 인정한 판결은 향후 인간 작가의 아래 인공지능이 직접 그린 그림 역시 인간의 예술적인 가치가 들어간다는 조건하에 저작권을 인정받을 수 있는 가능성을 보여 준다.

데이터베이스 아트

마노비치는 미술사가 재현(Representation)에서 예측(Prediction)으로 변화하고 있다고 주장한다. 인간은 오랫동안 손으로 다양한 도구를 활용해 그림을 그리고 조각했고 그 이후에는 투시 기계나 카메라 루시다(camera lucida)를 사용해 좀 더 실제와 유사한 그림을 그렸다. 다음으로 사진, 엑스레이, 비디오, 볼륨 캡처, 원격 감지, 사진 측량 등 기계를 통해 이미지 정보를 기록하게 되었고 디지털 시대가 되면서 작가는 소프트웨어를 활용해 실제를 재현하거나 상상의 세계를 구현한다. 예를 들어 2021년 크리스틴 경매에서 6900만 3000달러에 팔린 디지털 NFT(Non-Fungible Token)작품인 〈매일: 첫 5000일(Everydays: The First 5000 Days)〉으로 유명한 작가 비플(Beeple)은 시네마 4D, 일러스트레이터, 포토샵 같은 미디어 소프트웨어를 사용해 작품을 그린다. 그러나 인공지능 생성 작품은 기존 예술 작품과 다르다. 디지털 아티스트를 포함한 기존 작가는 도구를 활용하더라도 대부분의 예술적 선택을 본인 스스로 하지만 인공지능 생성 작품은 인간의 개입을 최소화하고 대부분의 과정을 인공지능이 담당한다. 인간은 이미지가 어떻게 나올지 예측할 뿐이다. 미드저니 같은 인공지능 서비스로 이미지를 생성할 때 기계는 학습한 데이터를 재료로 삼아 거기서 전형적인 특성과 패턴을 찾아서 프롬프트의 요구사항에 맞는 이미지를 재구성한다. 이때 인간은 직접 이미지를 재현하는 것이 아니라 기계의 출력물을 예측하게 된다. 만약 예측한 대로 결과물이 나오지 않으면 예측에 가깝게 나올 수 있도록 계속 프롬프트를 수정하게 된다.

인공지능이 기존 미술 작품을 학습해 새로운 이미지를 생성한다는 것은 과거 인간의 자산을 브리콜라주(bricolage)해 새로운 것을 창조한다는 의미다. 브리콜라주는 기존 자산을 활용해 새로운 창작물을 만들어 내는 과정을 말한다. 뉴욕 현대 미술관(MoMA)의 수만 점 작품들을 인공지능이 DCGAN, PGAN, StyleGAN 알고리즘을 활용해 비지도 학습(unsupervised learning)해 역동적인 색의 향연을 보여 준 레픽 아나돌(Refik Anadol)의 〈비지도(Unsupervised)〉(2022)는 브리콜라주의 좋은 예가 된다. 2024년 아나돌은 한국의 전통 음악, 불꽃놀이, K팝 등 189만 건의 데이터를 활용해 한국인의 기억과 감정과 AI의 꿈을 담은 작품 〈기계 시뮬레이션: 삶과 꿈 –

희로애락(Machine Simulations:Life and Dreams – 희로애락)〉을 63빌딩 로비에 상설 전시했다.

인공지능을 매체로 사회 비판적 메시지를 전달하는 작가도 있다. 제이크 엘위스(Jake Elwes)는 〈지지쇼 – 딥페이크 드래그 카바레(The Zizi Show – a Deepfake Drag Cabaret)〉(2020)라는 프로젝트에서 비주류 이미지인 퀴어와 드래그(drag) 아티스트들의 데이터로 기존 데이터세트를 대체하고 생성적 적대 신경망(GAN)을 사용해 드래그 아티스트들의 얼굴을 합성하고, 그들의 공연을 디지털로 재현했다. 이를 통해 엘위스는 AI가 비백인이나 성소수자 커뮤니티를 인식하는 데 가지는 한계를 강조하며, 이러한 기술이 더욱 포용적이고 공정하게 발전해야 함을 주장했다.

인공지능을 개인적인 세계를 탐구하는 도구로 활용한 작가도 있다. 조현서 작가는 2년 간 뇌 과학자, 인공지능 개발자, 건축가, 사운드 아티스트, 비평가, 디자이너, 다큐멘터리 감독, 포토그래퍼 등 다양한 분야의 전문가 15명과 협업으로 진행한 〈피그말리온 프로젝트(Pygmalion project)〉(2023)에서 자신이 아름답다고 생각하는 1만 개의 이미지를 AI가 34개로 분류해 학습하게 했다. 이 과정에서 인공지능은 객관적인 이미지뿐만 아니라 작가의 주관적 취향까지 학습했다. 그 결과를 이용해 조 작가는 백과사전, 그림, 조각, 영상 등의 작품을 창작해 발표했다. 이는 인공지능과 협업을 통해 지극히 개인적이고 독창적인 작품을 만든 사례다.

마노비치는 이렇게 디지털 기술을 활용해 방대한 데이터를 조작해 새롭게 창출하는 예술을 데이터베이스 예술(Database Art)이라고 칭했다. 인공지능 생성 작품은 데이터베이스 예술의 최신 형식이라고 할 수 있다. 데이터베이스 예술은 전통적인 예술과 다른 접근 방식을 가지고 컴퓨터와 알고리즘을 이용해 새로운 형식과 내러티브를 창작하는 가능성으로 확장하고 있다.

참고문헌

강여울(2024). 현대예술의 인공지능 활용을 통해 본 예술의 역할과 가치. ≪인문콘텐츠≫ 72, 9-27쪽.

한국저작권위원회(2023). 생성형 AI 저작권 안내서. https://www.copyright.or.kr/information-materials/publication/research-report/view.do?brdctsno=52591

Brian Boucher(2023.06.06.). 6 Artists who were using artificial intelligence before ChatGPT, https://www.artsy.net/article/artsy-editorial-6-artists-artificial-intelligence-chatgpt

Lev Manovich(1998). Database as a symbolic form, https://manovich.net/index.php/projects/database-as-a-s

ymbolic-form
Lev Manovich & Emanuele Arielli(2021~2024). Artificial aesthetics: Generative AI, art, and visual media, http://manovich.net/index.php/projects/artificial-aesthetics

05
사진과 인공지능

자동 변이 인코더, 생성적 적대 모델, 비전 트랜스포머, 달리, CLIP, 스테이블 디퓨전 등의 인공지능 모델을 통해 점차 이미지 생성 기술은 발전하고 있다. 대부분 모델은 텍스트를 프롬프트로 입력해 이미지를 생성한다. 영화에서 연출자가 프레임을 구성하듯이 미장센적인 요소를 프롬프트로 구체적으로 작성하면 좋은 결과물을 낼 수 있다.

이미지 생성 기술

2013년에 개발된 변이 자동 인코더(Variational Auto Encoder: VAE)는 이미지 생성 모델의 한 유형으로 이미지를 압축된 잠재 공간(latent space)으로 변환한 후 다시 재구성해 원래 이미지와 유사한 이미지를 생성하는 모델이다. CNN과 VAE는 서로 상호 보완적인 역할을 하며 이미지 생성 능력을 향상했다. CNN은 이미지 특징을 효과적으로 추출하고 VAE는 이러한 특징을 잠재 공간에 효율적으로 압축해 다양하고 사실적인 이미지를 생성하도록 했다.

2014년 이안 굿펠로(Ian Goodfellow)가 발표한 생성적 적대 신경망(Generative Adversarial Network: GAN)은 생성자와 판별자가 경쟁하며 이미지의 품질을 높였다. 생성자가 무작위 노이즈 벡터를 입력받아 가짜 이미지를 생성하면 판별자가 이것이 가짜인지 진짜인지 판별하고 생성자는 판별자를 속여 가짜 이미지를 진짜 이미지처럼 보이도록 만든다. 이 과정이 반복되면서 가짜 이미지는 점차 진짜와 유사하게 생성되게 된다. 이후 StyleGAN, BigGAN, GauGAN 등 다양한 GAN 기반 모델이 등장해 이미지 생성 능력을 향상했다.

2017년 구글이 발표한 "당신이 필요한 것은 집중이

다(Attention is All You Need)"라는 논문에서 소개한 트랜스포머(transformer) 모델이 자연어 처리(Natural Language Processing: NLP)에 혁명적인 변화를 일으키면서 챗GPT 같은 챗봇이 자연스럽게 인간과 대화하게 됐다.

2019년 구글 브레인이 제안한 비전 트랜스포머(Vision Transformer: ViT)는 기존 CNN 방식 대신 트랜스포머 구조를 이미지 분석에 도입해 이미지 인식 분야에 큰 변화를 가져왔다. ViT는 이미지를 패치(patch) 단위로 분할해 각 패치를 트랜스포머의 토큰(token)처럼 취급하고 이를 트랜스포머 인코더에 입력한 후 어텐션 메커니즘을 사용해서 패치들 간의 관계를 병렬로 학습해 이미지의 특징을 추출하는 방식이다.

2021년 오픈AI에서 개발한 달리 역시 트랜스포머 구조를 사용한 모델로 방대한 양의 텍스트와 이미지 데이터를 사전 학습한 후 텍스트 설명과 관련한 이미지를 생성했다. 같은 해 오픈AI가 출시한 CLIP(Contrastive Language-Image Pretraining)은 ViT 기반의 사전 학습 모델로, 대량의 텍스트-이미지 쌍 데이터를 입력받아 양방향 대조 학습을 통해서 상호 연관성을 학습해 텍스트와 이미지 간의 유사성을 판단한다. 이를 통해 CLIP은 이미지를 분류하고 검색한다. CLIP은 달리 2, 이매진(Imagine), 파르티(Parti), 스테이블 디퓨전 같은 이미지 생성 모델과 결합해 텍스트에 맞는 이미지를 생성하는 데 중요한 역할을 한다.

2022년 스터빌리티(Stability) AI에서 출시한 스테이블 디퓨전은 텍스트, 이미지, 음성 데이터에서 새로운 이미지를 생성할 수 있는 새로운 유형의 확산(diffusion) 모델이다. 사용자가 텍스트를 입력하면 스테이블 디퓨전은 노이즈를 점진적으로 제거하면서 이미지를 정제한다. 그리고 CLIP 모델은 생성된 이미지가 텍스트와 잘 맞는지 평가하고 스테이블 디퓨전은 CLIP의 피드백을 받아 이미지를 수정한다. 이 과정을 반복하면서 고해상도 이미지를 생성한다.

인공지능 사진 생성

인공지능으로 사진을 생성하려면 달리나 스테이블 디퓨전 같은 이미지 생성에 특화된 모델을 사용하거나 달리와 연계한 챗GPT, MS 코파일럿, 구글 제미나이 같은 LLM을 쓸 수 있다. 달리 모델을 사용하는 플랫폼은 빙 이미지 크리에이터(Bing image creator), MS 디자이너(MS Designer), 크레용(craiyon) 등이 있다. 또 스테이블 디퓨전 모델을 사용하는 플랫폼은 플레이그라운드AI(PlaygroundAI), 드림스튜디오(Dream Studio), 레오나르도AI(LeonardoAI), 아트브리더(Artbreeder) 등이다. 이러한 플랫폼은 모두 프롬프트 창에 텍스트를 넣어 이미지를 생성한다. 이렇게 텍스트를 이미지로 변환하는 기술을 텍스트 투 이미지(text to image)라고 한다. 그리고 몇몇 플랫폼은 이미지로 새로운 이미지를 만드는 기술인 이미지 투 이미지(image to image)도 제공한다. 예를 들어 사진을 회화로 만들거나 손상된 사진을 복원하거나 흑백 이미지를 컬러 이미지로 만들거나 저해상도 이미지를 고해상도로 만들거나 간단한 스케치를 복잡한 그림으로 변환하는 것이 있다. 이러한 이미지 생성에 특화된 인공지능 플랫폼은 LLM처럼 대화를 하기는 힘들지만 보다 고품질의 이미지를 생성하고 수정할 수 있도록 다양한 스타일 옵션을 제공한다. 몇몇 플랫폼은 생성한 이미지를 편집할 수 있는 기능도 제공한다.

챗GPT 같은 LLM의 장점은 대화하며 원하는 이미지가 나올 때까지 계속 수정할 수 있다는 점이다. 예를 들어 "멀리 남산 타워가 보이고 가깝게 양쪽에 개량 한옥들이 마주 보고 있는 길 중앙에 서 있는 한복 입은 남자를 그려 줘"라고 프롬프트를 치면 이미지가 생성된다. 그리고 "앞의 이미지 속 남자 옷을 펑크스타일로 변경해 줘" 또는 "이미지를 16:9 비율로 변경해 줘" 등의 수정 사항을 제시할 수 있다. LLM의 또 다른 장점은 긴 텍스트를 이해해 이미지를 시각화한다는 점이다. 특정 주제와 관련한 문단의 글을 프롬프트에 넣고 그 주제를 잘 드러내는 이미지를 만들어 달라고 요구하면 언어에 뛰어난 챗봇이 긴 글을 잘 이해해서 그 주제에 맞는 이미지를 생성해 준다. 이는 발표 자료를 만들 때 용이하게 쓸 수 있는 기능이다.

프롬프트 기술

프롬프트를 어떻게 작성해야 좋은 이미지를 생성할지 처음에는 막막할 수 있다. 프롬프트는 인공지능 모델에게 특정 작업을 지시해서 원하는 결과물을 얻기 위해 입력하는 텍스트, 이미지, 사운드를 말한다. 프롬프트는 일반적으로 인공지능이 작업을 정확하게 이해할 수 있도록 명확하고 구체적으로 작성하고, 원하는 스타일이나 형식을 텍스트로 명시하거나 이미지를 예시로 제공할 수 있다. 그러나 챗GPT 같은 챗봇 기반 모델을 사용할 경우 특별한 기술 없이도 대화하면서 하나씩 수정하다 보면 결국 좋은 이미지를 만들 수 있다. 그럼에도 불구하고 일반적으로 이미지 생성을 위한 프롬프트의 몇 가지 조건을 이야기할 수 있다.

인공지능으로 이미지를 생성한다는 것은 사각형 프레임을 어떤 시각적 요소들로 디자인할지 인공지능에게 알려 주는 작업이다. 화가나 디자이너는 프레임을 구성하는 훈련을 했기에 아마도 프롬프트를 쉽게 작성할 수 있을 것이다. 또 미장센(mise-en-scene)이 주 업무인 연출가 역시 일반인보다 프롬프트를 잘 작성할 수 있을 것이다.

미장센은 '무대(장면)에 배치하다'라는 말로 연극의 프로시니엄(proscenium)이나 영화의 스크린을 구성하는 기술이다. 영화의 미장센 요소에는 인물, 행동, 의상, 분장, 세트, 장소, 소품과 같이 정확히 말로 설명할 수 있는 구상적 요소가 있고 숏의 크기, 앵글, 카메라 움직임, 구도, 깊이, 조명, 색 등 말로 정확히 정의하기 힘들지만 영화의 내용을 감각적으로 강조하는 시각적 요소가 있다. 이러한 미장센 요소를 활용해 프롬프트를 세세히 작성하면 원하는 이미지를 만들 수 있을 것이다. 만약 인물 사진을 생성할 경우 프롬프트 창에 인물의 얼굴, 화장 스타일, 머리카락, 포즈, 패션과 소품을 묘사하고 그다음 시공간적 배경으로 장소, 날씨, 계절 등을 묘사할 수 있다. 그다음 테마 색상, 숏의 크기, 비율, 구도, 앵글, 카메라 종류, 필름 종류를 추가할 수 있다. 만약 글로 충분히 원하는 이미지를 묘사하기 힘든 경우 예시로 보여 줄 수 있는 이미지를 첨부해 그 이미지와 유사하게 만들어 달라고 요구할 수도 있다. 예를 들어 카스파르 다비트 프리드리히(Caspar David Friedrich)의 〈안개 바다 위의 방랑자〉(1818)라는 그림을 첨부한 후 "첨부한 이미지와 비슷하게 푸른 기운이 도는 새벽 시간, 정장을 입고 카메라를 들고 거친 파도가 일렁거리는 사나운 바다를 바라보는 한 남자의 실루엣의 풀 숏을 앙각으로 보여 주는 9:16 비율의 사실적인 사진을 만들어 줘"라고 프롬프트를 작성할 수 있다.

미드저니

미드저니는 텍스트 설명을 기반으로 이미지를 생성하는 데 특화된 인공지능 모델이자 게이머 커뮤니티인 디스코드(Discord) 또는 웹 인터페이스를 통해 사용자가 쉽게 이미지를 생성하고 공유할 수 있는 플랫폼이다. 미드저니는 사진 같은 품질 좋은 사실적인 이미지를 생성하지만 챗GPT처럼 직관적으로 한글로 대화하면서 이미지를 수정할 수가 없다. 대신 몇 가지 옵션을 통해 이미지를 수정할 수 있다. 미드저니는 기본적으로 영어 키워드와 파라미터를 간결하게 나열해 프롬프트를 작성해야 한다. 그리고 이미지를 예시로 들고 싶다면 이미지 URL을 프롬프트 앞에 삽입하면 된다. 예를 들어 프롬프트 창에 "http://imagesite.png(URL), A cyborg female on a speeding motorcycle in a devastated urban landscape, focused look, misty early morning, haunting fog, low-light setting, holding a gun, waist shot, high contrast, vibrant color, Sony Alpha 7S(영어 키워드), --ar 16:9 —style raw (파라미터)"를 넣고 엔터를 치면 링크된 이미지와 유사한 사진으로 촉촉한 새벽, 파괴된 도시 풍경 속에서 오토바이를 탄 사이보그 여자의 진지한 모습을 16 대 9 비율로, 소니 A7S 카메라로 찍은 듯한 사실적인 이미지를 생성할 수 있다. 위 프롬프트도 기본적으로 주제와 시공간적 배경, 소품, 패션, 숏의 종류, 색과 톤, 이미지 비율, 카메라 종류 등의 구상적 요소와 시각적 요소를 나열한 것이다. 만약 프롬프트를 작성하기 어렵다면 미드저니 프롬프터 같은 GPTs(챗GPT사용자가 특정 목적에 맞게 만들어 공개한 챗봇)의 프롬프트 창에 원하는 이미지를 한글로 작성하면 미드저니용 프롬프트를 쉽게 생성할 수 있다.

참고문헌

홍정한, 변형균(2024). 『멀티모달 생성 AI 인사이드』. 한빛미디어.

06
촬영과 인공지능

최근 인공지능 기능이 탑재된 카메라는 마치 인간처럼 세상을 선택적으로 본다. 인공지능이 뷰파인더로 들어온 이미지를 분석해서 피사체가 인물인지 풍경인지 음식인지 파악해 그에 맞는 노출, 화이트 밸런스, 색감을 선택한다. 또 버추얼 프로덕션에 인공지능을 활용하면서 배우가 비디오 월을 보며 자연스러운 연기를 하고 이를 카메라가 실시간적으로 촬영할 수 있게 됐다.

카메라와 인공지능

카메라의 눈은 세계를 있는 그대로 본다. 원래 카메라는 뇌가 없기에 렌즈에 들어오는 빛을 그대로 필름이나 센서에 기록한다. 반면 인간의 눈은 선택적으로 보고 필요 없는 것은 무시한다. 왜냐하면 뇌가 개입하기 때문이다. 카메라는 밝은 빛이 들어오는 창문 앞에 있는 사람과 창문 밖 경치를 둘 다 적정 노출로 기록하지 못한다. 카메라는 인간 눈보다 명암의 계조 범위가 좁기 때문에 경치를 제대로 보면 사람 얼굴이 어둡게 보이고 사람 얼굴을 제대로 보면 경치가 하얗게 바랜다. 반면 인간의 눈은 창 밖의 밝은 경치는 동공을 약간 닫고 보고 실내 인물의 어두운 얼굴은 동공을 열고 본다. 이때 뇌가 두 가지 이미지를 합성해 둘 다 적정 노출의 이미지로 만들어 낸다. 그리고 인간의 눈은 햇빛 아래든 백열등 아래든 흰 와이셔츠를 흰색으로 보지만 카메라는 푸르게 또는 노랗게 보게 된다. 그리고 걸으면서 촬영한 영상을 보면 카메라는 어지러울 정도로 흔들리는 이미지를 모두 기록한다. 반면 인간의 뇌는 걷거나 뛸 때 흔들리는 이미지를 무시해 항상 안정적으로 세상을 볼 수 있게 한다.

최근 인공지능 기능이 탑재된 카메라는 마치 인간처럼 세상을 선택적으로 본다. 인공지능이 뷰파인더로 들어온 이미지를 분석해 피사체가 인물인지 풍경인지 음식인지 파악하고 그에 맞는 노출, 화이트 밸런스(white balance), 색감을 선택한다. 인물 사진의 경우 인공지능은 얼굴에 초점을 맞추고 배경은 흐려 인물을 돋보이게 한다. 심지어 순간적으로 많은 사진을 찍어 그중에 눈을 감지 않고 표정이 좋은 사진을 선택하기까지 한다. HDR(High Dynamic Range) 기능은 얼굴을 적정 노출로 촬영한 사진과 배경을 적정 노출로 촬영한 사진을 합성해 인간 눈이 보는 것처럼 명암의 계조 범위가 넓은 사진을 만들어 내기도 한다. 또 인공지능은 움직이는 피사체를 추적해 초점을 유지하기도 하고 손떨림이나 카메라의 흔들림을 보정해 안정적인 동영상을 만들고 어두운 환경에서 촬영할 때 생기는 노이즈를 효과적으로 줄인다. 또 드론 카메라는 사용자의 얼굴을 인식해 관광지의 사진사처럼 사용자를 쫓아다니면서 촬영을 대신 해 준다. 인공지능이 이미지를 인식하게 되면서 향후 자율 자동차뿐만 아니라 자율 카메라가 나와 카메라맨 대신 중계 촬영을 할 날이 올 수도 있다.

카메라의 자동 기능

인공지능이 나오기 전에도 카메라에는 기본적인 자동

기능이 들어 있었다. 자동 노출(Auto Exposure: AE) 기능은 반사식 노출계를 통해 들어오는 빛을 계산해 중간 회색인 18퍼센트 회색에 맞출 수 있도록 셔터 스피드, 조리개 값(F-stop), ISO 감도를 설정한다. 그래서 스마트폰으로 흰 종이를 찍건 검은 종이를 찍건 모두 회색에 가깝게 찍힌다. 자동 노출 기능은 들어오는 광량만 계산하지 무엇이고 사람이고 무엇이 배경인지 알지 못하기 때문에 카메라를 자동 노출로 설정해 촬영하면 실제 밝은 스키장 사진이 우중충하게 나오고 역광으로 찍은 사람의 얼굴이 어둡게 나오게 되는 문제가 있다. 이를 해결하기 위해 입사식 노출계를 사용해서 피사체에 들어오는 빛을 정확히 측정해 수동으로 카메라를 조절할 수 있으나 노출계를 가지고 다니는 경우가 드물기 때문에 DSLR 카메라의 경우 들어온 빛의 양을 뷰파인더가 아니라 히스토그램(histogram)을 통해 정확히 파악해 수동으로 노출을 조정할 수 있다. 또는 자동 상태에서 카메라에 있는 노출 보정 장치를 사용할 수 있다. 예를 들어 피사체가 어둡다면 마이너스로 노출을 보정하고 피사체가 밝다면 플러스로 노출을 보정하면 된다. 결국 자동 노출을 사용하더라도 카메라와 렌즈의 특성을 잘 아는 인간의 개입이 필요하다.

동영상 촬영의 경우 자동 노출을 사용하면 밝기가 부자연스럽게 들쭉날쭉 변경될 수 있다. 예를 들어 밝은 날 야외에서 촬영할 때 해가 구름 속에 들어가면 전반적으로 어두워진다. 그런데 자동 노출 기능은 이런 상황을 모르니 인위적으로 밝기를 올릴 것이고 화면에는 밝기가 갑자기 변경되는 것이 그대로 담길 것이다. 그리고 해가 구름에서 나오면 다시 밝아지고 잠시 후 자동 노출 기능 때문에 밝기가 갑자기 어둡게 조정될 것이다. 이런 문제를 해결하기 위해 카메라맨이 촬영을 하면서 수동으로 노출을 조정할 필요가 있다. 그러나 향후 인공지능이 그러한 상황을 파악해 인간 대신 노출을 조정할 것이다.

자동 초점(Auto Focus: AF) 기능은 초점을 맞춰야 할 사람이 아닌 엉뚱한 사물이나 배경에 초점을 맞추는 경우가 있다. 그래서 사람이 직접 인물을 중앙에 위치시킨 후 반 셔터를 눌러 초점을 맞춘다. 또 어두운 환경이나 피사체가 낮은 콘트라스트를 가지거나 빠르게 움직이는 환경에서는 자동 초점 기능이 잘 작동하지 않을 수 있다.

그러나 인공지능은 딥러닝으로 다양한 조명 조건을 학습해 어두운 환경에서도 정확히 초점을 제공한다. 또한 인공지능은 다양한 패턴과 텍스처를 학습해 콘트라스트가 낮은 피사체 역시 정확하게 초점을 맞추고 빠르게 움직이는 피사체에도 초점을 유지할 수 있다. 그리고 인공지능을 탑재한 카메라는 디스플레이에서 어떤 사람에게 초점을 맞출지, 또 어느 부분을 밝게 할지 손가락으로 쉽게 선택해 초점을 이동할 수 있다. 향후 인공지능 카메라는 인간의 지시를 듣고 카메라맨처럼 알아서 촬영할 것이다.

가상 환경 촬영과 인공지능

제임스 캐머런의 〈아바타(Avatar)〉(2009) 같은 SF 영화는 외계 행성 신을 촬영하기 위해 배우가 그린 스크린(green screen) 앞에서 상상을 하면서 연기하고 후반 작업에서 그린 스크린을 그래픽 이미지로 합성했다. 그러나 최근 인공지능과 버추얼 프로덕션(Virtual production) 기술을 활용하면 배우가 외계 행성을 직접 보면서 연기하고 그것을 실시간적으로 촬영할 수 있다. 이의 장점은 가상 환경이 실재하므로 현장에서 카메라 움직임, 조명, 배우의 연기가 쉬워지고 후반 작업에서 배우의 움직임과 가상 배경을 하나하나 맞추는 수고를 덜어 줄 수 있다는 것이다. AI가 복잡한 가상 환경을 실시간으로 렌더링해 LED 비디오 월에 재생하고 배우는 이를 보면서 가상 환경과 상호 작용하며 연기한다. 또한 AI가 실제 카메라의 움직임을 정확하게 추적해 가상 카메라와 동기화하면 가상 카메라는 실제 카메라가 보는 시점과 동일한 시점에서 가상 환경을 렌더링해 비디오 월에 투사한다. 이를 통해 배우와 가상 환경이 마치 같은 공간에 존재하는 것처럼 자연스럽게 합성된다.

마이 유니버스(My Universe)의 뮤직비디오에는 실제 콜드플레이(Coldplay)와 홀로그램의 BTS가 서로 함께 춤을 추는 장면이 있다. 이 홀로그램 장면을 연출하기 위해 사용된 볼류메트릭(volumetric) 기술은 360도 입체 영상으로 촬영한 데이터를 고품질의 3D 모델로 변환해 BTS 멤버들을 디지털 휴먼으로 창조했다. 이때 인공지능은 불필요한 노이즈를 제거하고 멤버들의 움직임을 정교하게 추적해 자연스러운 3D 모델을 생성했다. 또한 실제 콜드플레이의 영상과 BTS의 볼류메트릭 비디오를 버추얼 프로덕션 기술로 실시간적으로 합성하는 과정에서도 인공지능이 사용됐다. 인공지능은 두 영상의 조명, 색감, 원근감 등을 분석해 보정하고 이질감 없이 자연스럽게 합성되도록 도왔다. 향후 기술이 더 발전하면 실제 인간과 홀로그램의 메타 휴먼이 서로 상호 작용하며 실시간으로 함께 연기하는 날이 올 수 있다. 이러한 미래는 진정한 온오프라인 연계의 메타버스 세계라고 할 수 있다.

참고문헌

Unreal engine(2022.03.15). How BTS joined coldplay for a live hologram performance of 'my universe'. https://www.unrealengine.com/en-US/spotlights/how-bts-joined-coldplay-for-a-live-hologram-performance-of-my-universe

07
영화와 인공지능

인공지능은 영화 제작진이 창의적인 작업을 할 수 있도록 제작 전반의 효율성과 생산성을 향상한다. 인공지능은 방대한 데이터를 분석해 흥행을 예측하고 시나리오에 대한 개선 사항을 제안한다. 또한 숏 리스트나 스토리보드를 작성하고 촬영 일정과 예산 관리를 자동화한다. 인공지능은 가상 공간과 디지털 휴먼을 창조하고 배우의 얼굴을 디에이징하고 죽은 배우를 다시 살려 내는 마법을 부리고 있다.

할리우드와 인공지능

시각 예술에서 인공지능의 영향이 상대적으로 적은 분야는 영화다. 왜냐하면 한 장의 그림이나 사진에 비해 또는 숏폼 영상에 비해 영화는 최소 한 시간 30분으로 아주 길기 때문에 인공지능이 생성하기는 아직 힘들다. 특히 영화의 가장 중요한 요소인 스토리와 연기는 인공지능이 인간과 경쟁에서 이기기 힘든 영역이다. 인공지능은 인간처럼 쌓인 경험이 없어 자신만의 스토리를 창작할 수 없다. 또 인공지능은 정서, 기억, 욕구, 감정, 의지가 없기에 그것들을 표현해야 하는 연기를 잘하기 어렵다. 인간의 행동을 단순히 모방하는 연기는 몰라도 내면의 정서를 드러내는 메소드(Method) 연기는 사실상 불가능하다.

그러나 인공지능은 할리우드 영화 제작의 촬영과 편집 분야에서 효율성과 창의성을 높이고 있다. 영화 〈에브리씽 에브리웨어 올 앳 원스(Everything Everywhere All at once)〉(2022)의 비주얼 이펙트 팀은 다중 우주 장면을 만들기 위해 인공지능을 활용했다. 예를 들어 에블린(양자경 분)이 베이글 블랙홀 앞에서 모든 것을 포기해 버리는 절망의 순간 다중 우주 속 수많은 에블린들의 장면들이 순간적으로 점멸하며 분간할 수 없을 정도로 빠르게 지나가면서 맥락 없는 기괴한 이미지들과 합성되는데 마치 아방가르드 미술이나 초현실주의적 콜라주처럼 보인다. 이 영화의 비주얼 이펙트 팀은 비디오 생성 인공지능 플랫폼인 런웨이 AI(Runway AI)의 스테이블 디퓨전 모델을 활용해 이 장면들을 생성했다.

〈분노의 질주 7(Fast and Furious 7)〉(2015)의 경우 사고로 죽은 폴 워커(Paul Walker)의 얼굴을 딥페이크(deepfake) 기술을 사용해 디지털 복제본(digital double)을 만들었다. 딥페이크는 딥러닝 기술을 사용해 기존 이미지나 영상 위에 다른 사람의 얼굴이나 목소리를 합성해 만들어 낸 가짜 콘텐츠를 의미한다. 그리고 〈어벤져스: 엔드게임(Avengers: Endgame)〉(2019)에서 디지털 도메인의 VFX 팀은 기계 학습을 사용해 배우 조슈 브롤린(Josh Brolin)을 타노스라는 디지털 빌런으로 창조했다. 그리고 넷플릭스 영화인 〈아이리시맨(Irishman)〉(2019)에서 AI는 로버트 드 니로, 알 파치노, 조 페시의 얼굴을 디에이징(de-aging)해 젊은 모습으로 변형했다. 과거에 배우가 보철 기구를 착용하고 오랜 시간 분장해야 했던 불편한 과정을 빠르고 효율적으로 해결한 것이다. 이를 위해 ILM(Industrial Light & Magic)은 AI를 사용해 배우들의 과거 연기를 담은 수천 장의 이미지를 선별하는 ILM

페이스파인더(facefinder)라는 소프트웨어를 개발했다. 이 툴은 렌더링되는 장면의 카메라 각도, 프레이밍, 조명, 표현과 일치하는 프레임을 찾아냈다. 그리고 ILM 아티스트들은 각 프레임을 비교하고 참조해 배우들의 디지털 복제본을 다듬는 데 사용했다. 이 영화의 VFX 수퍼바이저인 파블로 헬만(Pablo Helman)은 "AI와 기계 학습은 우리가 하는 모든 VFX의 부분이 되고 있다"라고 말했다.

인공지능은 오래된 영화를 복원하는 데 중요한 역할을 한다. 최초의 영화로 알려진 뤼미에르 형제(Lumière Brothers)의 〈기차의 도착(Arrival of a Train at La Ciotat)〉(1896)도 인공지능을 통해 4K 해상도로 복원되어 유튜브에서 볼 수 있다. 할리우드는 기계 학습 알고리즘을 사용해 〈오즈의 마법사(The Wizard of Oz)〉(1939)의 빛바랜 컬러를 4K 해상도로 복원했다.

영화 기획과 인공지능

제작 전반을 책임지는 프로듀서는 인공지능을 활용해 효율적이고 경제적인 기획과 제작 관리를 할 수 있다. 우선 영화를 제작하려면 먼저 투자를 받아야 한다. 그런데 투자사 입장에서 시나리오 하나를 보고 투자를 결정하기가 쉽지 않다. 과거에는 감으로 흥행을 예측했지만 이제 인공지능이 방대한 데이터를 분석해 흥행을 예측할 수 있게 됐다. 스위스 로잔(Lausanne)에 본사를 둔 기술 기업인 라르고AI(Largo.ai)는 인공지능을 활용해 영화 및 콘텐츠 기획을 돕는 플랫폼을 제공한다. 사용자가 시나리오를 플랫폼에 업로드하면 인공지능이 시나리오의 모든 신(scene)을 분석하고 40만 개 이상의 영화와 TV 쇼, 25만 개 이상의 광고, 95만 개 이상의 탤런트를 가진 데이터베이스와 비교해 시나리오에 대한 개선 사항을 제안하고 캐스팅을 위한 배우를 추천하고 타깃 관객과 시장 트렌드를 분석해 제작 과정의 비용과 시간을 절감해 준다.

LA에 본사를 둔 시네리틱(Cinelytic)은 AI와 빅데이터를 분석해 영화 프로젝트의 흥행 가능성을 예측하고 리스크를 관리하며 최적의 마케팅 전략을 제공하는 플랫폼으로 워너 브러더스, 소니 픽처스, STC 엔터테인먼트와 협업하고 있다. 시네리틱의 프로젝트 페이지에 들어가면 상단에 요약(Summary), 패키징(Packaging), 영화비교(Film Comps), 예측(Predictive Forecasts), 재무(Financial) 메뉴가 있다. 패키징 메뉴에 들어가면 감독, 탤런트 비교, 작가, 프로듀서라는 서브 메뉴가 있다. 예를 들어 감독 메뉴에는 스티븐 스필버그 같은 감독의 박스 오피스 수익, 제작비, 소셜 미디어 팔로워 수, 탤런트 점수 등을 볼 수 있다. 시네리틱은 이러한 다양한 데이터를 기반으로 흥행 가능성을 예측하고, 이를 통해 제작자가 최적의 감독을 선택할 수 있도록 지원한다. 영화 비교 메뉴 안에는 선택한 영화에 관한 각 국가별 극장 수익 예측, 영화 배급사의 성과와 시장 점유율, 배급 전략 등의 분석, 전 세계 수익 분석 등을 알려 주는 서브 메뉴가 있다. 그리고 이곳에서 영화의 개봉 연도, 제작비, 개봉 주 수익, 미국 총 수익, 글로벌 수익 등의 정보를 쉽게 비교할 수 있다. 예측 메뉴에서는 배우, 감독, 프로듀서, 작가, 기타 제작진, 개봉 전략을 선택해 프로젝트의 성공 가능성 및 전 세계와 지역별 박스 오피스 수익을 예측할 수 있다.

그 외 파일럿(Pilot), 스크립트북(Scriptbook), 볼트(Vault) 같은 회사들이 인공지능을 활용해 흥행 가능성을 예측하고 있다. 인간의 주관적인 편견을 배제하고 객관적인 데이터를 기반으로 한 과학적인 예측은 흥행 가능성을 높이고 제작 과정의 시간과 비용을 줄일 수 있다. 그러나 영화는 산업인 동시에 예술이라는 점에서 산업적 효율성이 가져올 부작용도 고려해야 한다. AI 예측 모델은 과거 데이터를 기반으로 하기 때문에 새로운 트렌드나 독창적 아이디어를 반영하는 데 한계가 있을 수 있다. 그러므로 단순히 AI가 예측한 성공 확률에만 의존하면서 새로운 영화보다는 안정적인 장르 영화에 투자가 집중되어 예술적 다양성이 떨어질 수 있다.

사전 제작과 인공지능

사전 제작은 시나리오 구성, 스토리보드 제작, 제작진과 출연진 섭외, 세트 제작, 일정, 예산 관리 등 영화 제작을 위한 준비로서 서류로 제작을 시뮬레이션하는 과정이다. 시나리오 작업 과정은 이미 디지털화됐다. 파이널 드래프트(Final Draft), 무비 매직 스크린라이터(Movie Magic Screenwriter) 같은 소프트웨어를 사용하면 할리우드 표준 포맷에 맞게 쉽게 시나리오를 쓸 수 있다. 그리고 확정된 시나리오를 소프트웨어에 입력하면 시나리오의 장면(scene)을 구분하는 장면 구분표(scene breakdown sheet)를 자동으로 만들 수 있다. 프로듀서는 장면 구분표를 토대로 배우, 소품 , 의상, 제작진, 장비 관련 각종 서류를 준비하고 각종 일정표와 예산서를 작성한다. 이런 작업 역시 무비 매직 스케줄링(Movie Magic Scheduling), 무비 매직 버지팅(Movie Magic Budgeting) 같은 소프트웨어를 활용할 수 있다.

효율적인 사전 제작을 돕는 인공지능 기능을 갖는 플랫폼도 있다. 스튜디오바인더(StudioBinder)나 셀틱스(Celtx) 같은 웹 기반 플랫폼은 시나리오 작성부터 모든 프로젝트 관리를 한 곳에서 할 수 있는 원 스톱 서비스를 제공한다. 이 플랫폼은 시나리오를 분석해 장면 구분표로 분류하고 숏 리스트(shot list)와 스토리보드를 만들고 촬영 일정과 예산 관리를 자동화하는 데 인공지능 기술을 활용한다. 그리고 클라우드(cloud)를 활용하므로 실시간 협업 및 데이터 공유가 용이하다.

스토리보더AI(Storyboarder.ai) 같은 플랫폼은 시나리오나 시놉시스 또는 아이디어를 업로드하면 AI가 자동으로 시나리오와 숏 리스트를 작성해 준다. 또 사용자가 이를 수정해 최종적으로 스토리를 확정하면 AI가 스토리보드를 대신 만들어 준다. 사용자가 AI가 생성한 스토리보드의 이미지가 마음에 들지 않으면 변경하거나 부분적으로 수정할 수 있다. 그러나 시나리오처럼 숏 리스트, 스토리보드 역시 고도의 창의성이 필요한 작업이므로 아직 인공지능에게 일을 전적으로 맡기기는 힘들다.

참고문헌

권승태(2023). 영화 〈에브리씽 에브리웨어 올앳원스〉의 혼종적

스타일에 관한 연구. ≪영상문화≫ 42, 37-61쪽.

Dan Sarto(2020.02.07). 'Avengers: Endgame' and 'The Irishman': AI-powered visual effects come of age, Animation World Network, https://www.awn.com/news/avengers-endgame-and-irishman-ai-powered-visual-effects-come-age

Kevin Emmott(2024.01.18). AI is not all about replacing creativity; it's about enhancing and supporting it. TVBEUROPE, https://www.tvbeurope.com/artificial-intelligence/ai-is-not-all-about-replacing-creativity-its-about-enhancing-and-supporting-it

Mia Woods(2023.06.14). Runway AI: Tech behind everything everywhere all at once. TopTenAI, https://topten.ai/ai-tech-behind-everything-everywhere-all-at-once/

08
영상 편집과 인공지능

영상 편집은 창의적인 선택에 앞서 원래 계획대로 가편집을 해야 하는 절차적 작업이 필요하다. 과거에 편집 조수가 했던 그 절차적 작업을 이제 인공지능이 대신 하고 있다. 인공지능 기술은 기존의 디지털 영상 편집기의 자동화 기능을 발전시켜 가편집의 속도를 높여 주고 있다. 대중용 편집기의 인공지능은 주제만 주면 알아서 편집을 대신 해 주지만 최종 편집에는 여전히 인간의 창의적 선택이 필요하다.

영상 편집 조수로서 인공지능

인공지능이 인간의 말과 글을 알아듣고 이미지를 인식하게 되면서 영상 편집에 커다란 변화를 가져왔다. 영상 편집의 많은 시간은 창의적인 작업이 아니라 촬영한 영상을 단순히 계획대로 조합하는 일에 투자된다. 그것은 정해진 절차를 가진 과정으로 인공지능이 아주 잘할 수 있는 영역이다. 예를 들어 장편 영화의 편집자는 창의적인 스토리를 편집하기 전에 우선 촬영한 영상(데일리, daily)을 별도로 녹음한 대사와 동기화해서 싱크 데일리 클립(sync daily clip)으로 만든다. 다음 모든 클립을 주제별 폴더로 정리해 쉽게 찾아 쓸 수 있는 환경을 만든다. 영화는 동일한 숏을 여러 번 촬영해 여러 테이크(take)를 만들기 때문에 NG(No Good) 숏을 버리고 좋은 숏을 선택해 시나리오의 스토리 순서대로 편집한다. 숏은 카메라가 한 번의 녹화를 통해 연속적으로 촬영한 영상의 단위로 컷 사이에 끊김 없이 이어지는 영상을 말한다. 테이크는 숏을 촬영하는 단일 시도로 연기의 단위다. 보통 한 번에 좋은 연기가 나오지 않기 때문에 여러 번의 테이크로 촬영한다. 클립은 타임라인에 추가해서 편집하기 위해 프로그램으로 가져온 개별 영상 조각을 의미한다. 시나리오 순서에 맞게 클립을 배열하는 일은 조수의 일이

된다. 그런데 이제 그 일을 인공지능이 도와주고 있다.

아비드 미디어 컴포저(Avid media composer)는 1989년 출시된 디지털 영상 편집기의 선구자로서 할리우드 영화 제작사가 가장 많이 사용하는 편집기 중 하나다. 이 편집기에서 옵션으로 제공하는 스크립트 싱크 AI(Script Sync AI)라는 기능은 말 그대로 스크립트(대본)와 영화를 자동으로 동기화한다. 이 기능은 촬영한 모든 테이크를 자동으로 색인해 시나리오 옆에 배열한다. 그러면 편집자가 시나리오의 각 대사와 동기화된 영상 중에서 가장 좋은 테이크를 선택해 편집한다. 그리고 편집자는 프레이즈 파인드(phrase find)라는 검색창에 특정 주제어를 입력해 관련 내용의 클립 모두를 한 번에 찾아 편집에 사용할 수 있다.

스크립트 싱크 AI는 다큐멘터리 편집에 특히 많은 시간을 절약해 줄 수 있다. 과거 편집자는 촬영한 영상을 모니터링하면서 인터뷰 내용을 모두 수기로 기록하고 클립을 폴더로 분류해야 했다. 그리고 각 클립을 다시 보면서 필요한 부분을 가져와 편집했다. 그러나 스크립트 싱크 AI를 사용하면 편집자는 인공지능이 생성한 인터뷰 스크립트를 보고 영화에 필요한 텍스트를 선택해 영상을 편집한다. 이렇게 스트립트를 편집하면 자동으로 영상까지 편집되는 방식을 스크립트 기반 영상 편집이라고 한다. 또 인공지능은 편집한 영상의 음성을 자동 번역해 다양한 언어의 자막을 만들어 준다. 이를 자동 자막(auto caption)이라고 한다.

편집 역시 고도의 창의적인 작업으로 인공지능이 인간을 대체하지는 못하겠지만 그러한 창의적인 편집 이전에 필요한 단순한 과정을 인공지능이 대신 해 줄 수 있다. 그러므로 인공지능은 영상 제작에서는 인간을 대체하는 도구라기보다 인간을 돕는 도구로 자리 잡게 될 것이다.

범용 영상 편집기의 인공지능

국내외 영상 전문가들이 많이 사용하는 범용 영상 편집기로 어도비 프리미어 프로(premiere pro), 애플의 파이널 컷 프로(final cut pro), 블랙매직사의 다빈치 리졸브(Davinci resolve)가 있다. 이들 모두 공통적으로 얼굴 인식과 트래킹(tracking), 음성 인식과 자동 자막, 자동 리프레임(reframe) 등의 인공지능 기능을 갖고 있다. 그러나 인공지능이 나오기 전에도 이들 영상 편집기에는 다양한 자동 기능이 있었다.

파이널 컷 프로는 촬영본을 가져올 때 자동으로 비디

오, 오디오, 스틸 이미지를 분류해 주고 비디오와 오디오의 문제도 보정해 준다. 또 흔들리는 비디오를 자동으로 안정화하고 오디오의 소음을 제거해 주기도 한다. 그리고 가져온 클립들을 키워드로 쉽게 검색하고 중복된 클립이나 사용하지 않는 클립을 관리해 준다. 파이널 컷 프로는 오디오 웨이브폼(waveform)을 인식해 비디오와 오디오의 싱크를 자동으로 맞춰 준다.

다빈치 리졸브는 원래 색 보정 소프트웨어로 시작했지만 현재 스토리 편집, 모션 그래픽, 비주얼 이펙트, 사운드 디자인까지 할 수 있는 종합적인 영상 편집 소프트웨어로 발전했다. 다빈치 리졸브는 파이널 컷 프로와 비슷한 기능을 제공하면서 페이스 디텍트(face detect)라는 인공지능 기능에 가까운 자동 기능을 제공했다. 비디오를 가져오면 소프트웨어가 비디오 속 인물의 얼굴을 인식해 그룹 숏, 투 숏, 원 숏, 바스트 숏, 클로즈업 숏 등으로 숏의 크기에 따라 비디오 클립을 분류한다. 또 다빈치 리졸브는 최고의 색 보정 도구라는 명성에 걸맞게 인공지능을 활용해 여러 클립 간의 색상을 일관되게 유지하고 저해상도 영상을 고해상도로 업스케일링해 화질을 개선한다.

프리미어 프로 역시 인공지능 기능을 활용해 영상의

음성을 스크립트로 만들고 중간의 무음 부분을 자동으로 삭제한다. 스크립트 기반 편집 기능으로 스크립트의 단어 하나를 삭제하면 비디오의 해당 단어가 있는 부분이 자동으로 편집된다. 또 편집된 영상의 음성을 자동으로 자막으로 만들어 준다. 음악의 경우 비디오 클립에 맞게 길이를 조정하면 비디오가 끝날 때 자연스럽게 음악이 끝나도록 자동으로 리믹싱한다. 또 16:9 비율의 비디오를 9:16 비율로 바꾸면 자동으로 바뀐 비율의 프레임에 맞게 영상을 조정하는 리프레임 기능도 있다.

프리미어 프로의 장면 편집 감지(scene edit detection) 기능은 기존 영상의 신을 분석해 신이 바뀌는 지점을 자동으로 잘라 준다. 보이스 인핸서(voice enhancer) 기능은 카메라 자체 마이크로 녹음해 품질이 좋지 못한 음성을 외부 마이크로 녹음한 소리처럼 품질을 향상해 준다. 기존 프리미어 프로는 디졸브(dissolve) 같은 화면 전환을 적용할 때 비디오 길이가 모자라면 마지막 프레임을 복제해서 정지 영상을 만들어 비디오를 확장하지만 앞으로 프리미어 프로에 추가될 생성형 인공지능은 모자란 영상을 생성해 움직임을 자연스럽게 확장할 것이다. 또 향후 포토샵의 인공지능 생성 기능처럼 프리미어 프로에서도 텍스트로 새로운 이미지를 생성해서 기존 배경과 자연스럽게 합성할 수 있을 것이다. 예를 들어 영상 속 손목시계의 디자인을 삭제하고 새로운 디자인으로 합성할 수 있을 것이다.

멀티 카메라 편집은 동시에 여러 대의 카메라로 촬영한 영상의 실시간적 편집을 의미하는데 만약 10대 이상의 카메라로 촬영한 경우 그 많은 영상들의 싱크를 맞추고 내용에 맞는 숏을 선택하는 작업은 많은 시간과 노력이 필요하다. 그런데 오토팟(autopod) 같은 플러그인(plugin)을 프리미어 프로에 설치하면 멀티 카메라 편집을 자동으로 할 수 있다. 또 한국에서 개발한 컷백(cutback)이란 플러그인을 설치하면 한글 자동 자막을 훨씬 정확히 만들 수 있고 자막 관련 영상까지 쉽게 검색해서 편집할 수 있다.

대중용 편집기의 인공지능

틱톡의 영상 편집기로 유명한 캡컷은 모바일 버전과 PC 버전이 있는데 PC 버전은 프리미어 프로와 유사한 인터페이스와 기능을 가지면서 마그네틱 타임라인이나 타임라인상의 키 프레임 애니메이션 같은 파이널 컷 프로의 편리한 기능도 가지고 있다. 그리고 비교적 저사양 컴퓨터에서도 잘 작동하고 대부분의 기능을 무료로 사용할 수 있다. 캡컷은 다양한 한글 폰트 및 이미 만들어진 그래픽과 비디오 효과가 있어 초보자도 쉽게 자막과 그래픽 작업을 할 수 있다. 또 이미지 생성형 인공지능의 기능이 있어 필요한 영상을 곧바로 생성해서 타임라인에 넣을 수 있다. 그리고 캡컷은 트래킹과 마스킹(masking) 기능을 자동화해서 누구나 쉽게 영상을 합성할 수 있다. 그리고 자동 음성 인식과 자동 자막 기능을 제공하고 음성에 다양한 필터를 적용하거나 외계인, 로봇, 산타 등의 목소리로 다양하게 변조하는 기능도 있다.

윈도우 기본 영상 편집기인 MS 클립챔프(Clipchamp)는 범용 영상 편집기와 유사하지만 좀 더 직관적인 인터페이스와 단순한 기능을 제공한다. 여기에 덧붙여 비디오를 업로드하고 시간, 스타일, 음악을 선택하면 나머지는 모두 알아서 편집해 주는 인공지능 기능이 있다. 물론 인공지능이 편집한 영상을 다시 수정할 수도 있다.

브루(Vrew)는 원래 음성을 인식해 자막으로 만들어 주는 서비스이나 스크립트 기반 영상 편집을 할 수 있다. 또한 인공지능 성우를 제공하므로 대본만 있으면 쉽게 내레이션을 만들 수 있다. 또한 자신의 목소리를 인공지능에게 학습시켜 자기 목소리의 성우를 등록해 놓고 내레이션 제작에 계속 사용할 수도 있다. 그리고 브루에는 주제와 시간만 정해 주면 원고 작성과 영상 편집 모두를 인공지능이 다 해 주는 기능도 있다. 그러나 인공지능이 전적으로 만든 결과물은 평균적인 내용과 획일적인 스타일을 보여 준다. 영상 편집은 이미지와 텍스트, 음악 등 다양한 미디어를 종합적으로 활용해 스토리를 만드는 고도의 창의적인 작업으로 아직 인공지능이 최종적인 작업을 하기에는 무리가 많다. 인공지능의 편집은 가편집(rough cutting)으로 최종 편집(final cutting)은 결국 인간의 손을 거쳐야 한다.

참고문헌

Ibrahim Ahmed(2024.06.02). What video editing software do Hollywood filmmakers use? Mediacaterer, https://mediacaterer.com/editing-software-hollywood-use/

Media Composer | ScriptSync AI Option. Avid Technology, Inc.(2024), https://www.avid.com/products/media-composer-scriptsync-ai-option

09
그래픽 디자인과 인공지능

인공지능 기술을 사용하게 되면서 포토샵이나 애프터 이펙트 같은 소프트웨어에 사용했던 콘텐츠 인식 채우기나 로터 브러시 같은 자동화 도구의 정확도가 크게 개선되었다. 그리고 그래픽 생성형 인공지능 플랫폼은 기존 그래픽 애플리케이션을 사용하지 않더라도 전문가처럼 그래픽 디자인을 할 수 있도록 직관적인 인터페이스와 다양한 템플릿과 자동화 기능을 제공하고 있다.

그래픽의 자동화

그래픽 소프트웨어의 원조라고 할 수 있는 이반 서덜랜드의 스케치 패드는 놀랍게도 현재의 아이패드와 유사하게 전자펜을 사용해 그림을 그렸다. 스케치 패드는 원을 인스턴스(instance)로 복사해서 다른 곳에서 여러 번 사용할 수 있었다. 그리고 만약 그 원의 크기와 모양을 바꾸면 나머지 모든 원도 자동으로 바뀌었다. 이러한 인스턴스 개념은 이후 플래시의 심볼(symbol), 애프터 이펙트의 프리컴(pre-com), 언리얼엔진의 인스턴스드 스태틱 메시(instanced static mesh) 등으로 발전했다.

생성형 인공지능이 나오기 전에도 그래픽 소프트웨어에는 인공지능을 활용한 기능들이 있었다. 예를 들어 포토샵이나 애프터 이펙트의 콘텐츠 인식 채우기(content aware fill)는 영상의 불필요한 요소를 제거하고 제거한 부분을 자연스러운 배경으로 채워 준다. 이 기능은 기계학습 알고리즘을 사용해 이미지의 패턴과 텍스처를 분석해 제거한 영역을 주위 환경과 일치하도록 채워 준다.

애프터 이펙트의 로터 브러시(roto brush) 도구는 2010년 처음 소개되었는데 실사 영상을 프레임 단위로 추적해 애니메이션으로 변환하는 로토스코핑(rotoscoping) 작업을 자동화한 기능으로 예를 들어 시내 도로 위를 달리는 자동차의 경계를 붓으로 칠하면 컴퓨터가 자동차를 실제 배경으로부터 자동으로 분리해 준다. 이렇게 분리된 자동차는 해변을 촬영한 영상과 합성해 해안 도로를 달리는 자동차로 만들 수 있다. 로토 브러시는 이미지의 특정 부분을 배경으로부터 추출하는 마스킹 작업을 자동으로 해주는 기능이다. 초창기 로토 브러시는 추출의 정확도가 높지 않았으나 2020년 어도비의 센세이AI(Sensei AI) 기술을 사용하게 되면서 그 정확도가 크게 개선됐다. 로토 브러시 3은 인공지능 모델을 사용해 객체의 경계를 더욱 정확히 감지하고 특히 머리카락, 투명한 요소 등의 복잡한 객체를 마스킹하는 데 효과적이다. 센세이AI는 인공지능 플랫폼으로 다양한 어도비 제품에 적용되어 이미지 인식, 자연어 처리, 예측 분석 등의 기능을 제공한다. 이 덕에 어도비 제품은 공통적으로 이미지를 분석해서 분류해 검색을 용이하게 하고 이미지를 보정하고 해상도를 높일 수도 있고 프롬프트 창에 텍스트를 넣어 새 이미지를 생성해서 작업하는 이미지와 조화롭게 합성할 수도 있다.

모션 그래픽의 소사

그래픽의 모션은 결국 실제 움직임이 아니라 움직인다는 환영에서 만들어진다. 흰 종이 위의 장미를 바라보다 장미를 제거하더라도 한동안 장미의 잔상이 흰 종이 위에 남아 있다. 이러한 우리 눈의 잔상 효과 때문에 1초에 최소 12개의 그림이 순차적으로 지나갈 때 그 그림은 자연스럽게 움직이는 것으로 보인다. 영화는 1초에 24개의 프레임을 갖는데 프레임은 여기서 정지된 이미지를 말한다.

영화가 나오기 전부터 모션 그래픽이 존재했다. 1832년 조제프 플라토(Joseph Plateau)와 지몬 스탬퍼(Simon Stampfer)는 페나키스티스코프(phenakistiscope)라는 최초의 애니메이션 기구를 발명했다. 이 기구는 회전판의 그림을 회전시켜 움직임의 환영을 보여 주었다. 그러나 이 기구는 최소한의 프레임을 사용해 이미지가 점프하는 듯이 튀어 보였다. 스탬퍼는 이것을 스트로보스코프(Stroboscope)라고 불렀고 영국에서는 이것을 판타스코프(Fantascope)라고 불렀다. 그다음 해 윌리엄 조지 호너(William George Horner)는 페나키스티스코프를 실린더형으로 변형한 도구인 조에트로프(zoetrope)를 발명했다. 이 기구는 일련의 그림이나 사진을 원통의 구멍을 통해 보여 주어 움직임의 환영을 만들었다.

1868년에 존 반즈 린넷(John Barnes Linnett)은 플립북(flip book)을 키네오그래프(Kineograph)라는 이름으

로 특허를 취득했다. 이는 이전의 기구가 갖는 원형이 아닌 선형 이미지 시퀀스를 사용한 최초의 애니메이션 형태였다. 플립 북은 책자 형태로 모든 페이지에 연속적인 그림을 그린 후 책을 손으로 퉁기면서 보면 페이지 속 그림들이 움직이는 것처럼 보인다.

1877년 에밀 레노(Emile Reynaud)가 기존의 원통형 애니메이션 기구를 발전시켜 스크린에 움직이는 그림을 영사할 수 있는 영상 기계 장치인 프락시노스코프(praxinoscope)를 발명했다. 1892년 레노는 파리의 그레뱅 박물관의 광학 극장(Optical Theatre)이라고 부르는 공연에서 자신이 직접 그린 수백 프레임으로 영상 쇼를 해서 1만 2000여 회 공연에 총 50만 명 이상의 관객을 동원했다. 이런 초창기의 그림을 움직이는 자동화 도구는 오늘날 모션 그래픽의 시작이라고 할 수 있다.

키 프레임 애니메이션

과거 모션 그래픽은 프레임 하나하나를 모두 그렸는데 작가 혼자서 다 그리기 힘들기 때문에 분업을 했다. 작가가 키 프레임(key frame)을 그리면 그 중간의 프레임은 조수가 그렸다. 그러나 소프트웨어가 발명되면서 조수의 역할을 컴퓨터가 대신하게 됐다. 1998년 매크로미디어 플래시(Macromedia flash) 3에 소개된 트윈(tween)은 사용자가 키 프레임을 만들면 키 프레임 사이의 중간 프레임을 보간법(interpolation)을 통해 자동으로 만든다. 예를 들어 한 프레임의 원형을 한 위치에서 다른 위치로 이동시키면 새로운 프레임이 만들어진다. 컴퓨터는 이 두 프레임을 키 프레임으로 부르고 키 프레임 사이에 있는 모든 프레임의 위치를 계산하는데 이렇게 키 프레임 사이를 계산하는 것을 보간법이라고 한다. 컴퓨터는 계산된 위치에 원형을 복사해 넣는다. 그리고 생성된 프레임들을 연속적으로 보여 주면 마치 원형이 한 위치에서 다른 위치로 움직이는 것처럼 보이게 된다. 현재 마야(Maya), 블렌더(Blender), 언리얼 엔진(Unreal Engine), 애프터 이펙트 같은 그래픽 소프트웨어와 프리미어 프로, 파이널 컷 프로, 다빈치 리졸브 같은 영상 편집 소프트웨어는 이러한 보간법을 사용해 키 프레임 애니메이션을 만든다.

그래픽 생성형 인공지능 플랫폼

과거 그래픽 작업은 시간과 비용이 많이 드는 전문가의 영역이었다. 그러나 그래픽 생성형 인공지능을 도구로 활용하면 이제 누구나 쉽게 텍스트를 프롬프트로 쳐서 그래픽을 만들 수 있게 됐다. 포토샵이나 일러스트레이터 같은 전문 그래픽 툴을 구독하지 않더라도 웹 기반의 그래픽 플랫폼에서 무료로 그래픽을 만들 수 있다. 어도비 파이어플라이(Adobe Firefly), MS 디자이너(Microsoft Designer), 캔바(Canva) 같은 그래픽 생성 인공지능 플랫폼은 텍스트 기반의 이미지 생성을 지원하고 카드, 소셜 미디어 포스트, 초대장, 포스터 등을 쉽게 디자인할 수 있는 템플릿을 제공한다. 포토(Fotor)는 사진 편집을 기본으로 다양한 디자인 템플릿을 제공한다. 크로마(Khroma.co)의 AI 기반의 색상 팔레트 생성 도구를 활용하면 전문 디자이너가 아니더라도 인공지능의 도움을 받아 조화로운 색상 팔레트를 만들 수 있다. 감마(Gamma)는 개요를 붙여 넣거나 한 줄의 프롬프트를 넣어 빠르게 잘 디자인된 프레젠테이션을 만들 수 있는 도구다. 3디파이(3dfy)는 텍스트나 이미지를 프롬프트로 입력하면 자동으로 3D 모델을 생성할 수 있는 도구다. 글리아스타(Gliastar)에서는 텍스트 입력으로 움직이는 마스코트와 브랜드 캐릭터를 만들 수 있다.

파이어플라이는 어도비 센세이AI 기술을 활용한 도구로 다른 어도비 제품과 달리 특별한 학습 없이도 다양한 옵션을 사용해 이미지를 생성할 수 있는 직관적인 인터페이스를 제공한다. 예를 들어 참조할 이미지를 업로드하거나 움직임, 테마, 기법, 효과, 재질, 콘셉트, 색상 및 톤, 조명, 카메라 각도 등의 옵션을 선택해 세밀하게 프롬프트를 조정할 수 있다. 또 편집 모드로 가면 생성한 이미지에 다른 이미지를 삽입하거나 특정 이미지를 제거할 수도 있다. 그리고 어도비 익스프레스(Adobe Express)로 연결해 이미지에 다양한 엘리먼트(elements)와 텍스트를 추가할 수 있다.

MS 디자이너 역시 이미지를 텍스트로 생성할 수 있고 이미지의 배경을 제거하고 필터와 함께 밝기, 콘트라스트, 채도, 색 온도, 선명도 등 색 보정 기능을 제공한다. 또 생성한 이미지를 활용해 프레젠테이션용 슬라이드, 인사말 카드, 소셜 게시물, 초대장 등을 디자인할 수 있다. 인공지능이 이미지를 분석해 자동으로 최적의 레이아웃을 제안하거나 다양한 디자인의 슬라이드를 추천해 사용자가 디자인을 쉽게 완성할 수 있도록 도와준다. 또 다양한 글꼴, 색상, 텍스트 효과를 제공하므로 자막 디자인을 쉽게 할 수 있다. 그리고 MS 디자이너는 MS의 클라우드인 원드라이브(OneDrive)와 연동해 언제 어디서나 작업 파일에 접근할 수 있다. 또 MS코파일럿을 구독하면 디자이너를 MS 365 앱과 연동해 다양한 서류 작업을 할 수 있다.

캔바는 전문 디자이너가 아닌 일반인이 쉽게 그래픽 디자인을 할 수 있도록 소셜 미디어 포스팅, 프레젠테이션, 포스터, 인포그래픽, 카드 등을 위한 다양한 템플릿을 제공한다. 또한 캔바는 인공지능을 도입해 사용자가 한 가지 크기로 디자인하면 여러 크기로 자동으로 조정해 주는 기능을 제공한다. 예를 들어 인스타그램용 포스트를 만들고 나면 이를 클릭 몇 번으로 페이스북이나 블로그 플랫폼에 맞게 재조정할 수 있다. 또한 광고 카피나 블로그 글을 작성할 때 AI가 적절한 문구를 추천해 준다. 또 캔바는 음성 인식을 통해서 말로 입력한 내용을 텍스트로 변환하고 이를 디자인에 포함하는 기능을 제공한다. 또 챗GPT의 특화된 챗봇(GPTs)으로 캔바를 사용할 수 있다. 그러면 챗GPT와 대화를 하면서 원하는 그래픽을 생성할 수 있고 생성된 그래픽을 수정하기 위해 링크를 통해 캔바로 이동해 추가 작업을 계속할 수 있다.

한 줄의 텍스트만으로도 누구나 고품질의 그래픽 디자인을 할 수 있다. 그러나 문제는 인공지능에게 어떻게 내가 원하는 이미지를 생성시킬 것인가, 그리고 그것을 내가 원하는 대로 어떻게 수정하고 텍스트, 효과, 도형

등 다른 그래픽 요소들을 어떻게 합성할 것인가, 또 구도, 색상, 비율, 심도, 질감 등 조형적 요소들을 어떻게 선택할 것인가의 문제가 있다. 그래픽 생성형 인공지능의 도움을 받을 때도 결국 인간의 선택이 중요하다. 그러므로 그래픽 디자인을 잘하기 위해서는 기본적인 그래픽 디자인의 규칙이나 조형 감각을 키울 필요가 있다. 결국 인공지능 시대에도 예전과 마찬가지로 시각 예술의 기본적인 능력과 다양한 시각 문화의 경험을 통해 기른 미적 감각을 갖춘 사람이 좋은 작품을 만들 것이다. 즉, 인공지능을 잘 사용하는 능력은 인공지능과 관계없는 각 전문 분야의 기본 자질이 될 것이다.

참고문헌

권승태, 장일(2021). 『디지털영상편집』. 한국방송통신대학교출판문화원.

Steve Wright(2011). 『시각특수효과와 영상합성의 이해』. 책과길.

10
UGC와 인공지능

1인 미디어 제작자는 챗봇과 대화를 하면서 기획과 구성 작업을 할 수 있고 인공지능 플랫폼을 활용해 사전 제작을 자동화하고 비디오와 사운드를 위한 스톡 플랫폼이나 생성형 인공지능을 활용해 촬영 없이도 편집 소스를 구할 수 있다. 또 사운드 디자인과 음악 작업을 인공지능에게 맡겨 혼자서 UGC 콘텐츠를 편집할 수 있다.

새로운 제작 환경

1인 미디어 제작자가 제작하는 콘텐츠를 사용 제작 콘텐츠(User Generated Contents: UGC)라고 한다. 유튜브는 UGC 플랫폼이고 TV는 전문가 제작 콘텐츠(Professional Generated Contents: PGC) 플랫폼이라고 할 수 있다. PGC는 방송국이나 대형 프로덕션에서 많은 제작비를 투자해서 전문 인력들을 고용해 공동 제작한 높은 품질의 콘텐츠다. 반면 일반적으로 소규모 예산으로 제작되는 UGC에서 PGC와 같은 고품질을 기대하기는 힘들다. 그러나 1인 미디어 제작자가 인공지능을 도구로 활용하게 되면 1인 제작의 한계를 보완하고 제작의 효율성을 높여 고품질의 콘텐츠를 제작할 수 있다. 그렇기 때문에 크리에이터에게 인공지능 도구는 선택이기보다 필수가 된다.

영상 제작 기획 단계에서 크리에이터는 공동 제작자들처럼 다양한 제작진의 아이디어를 얻기 힘들다. 이때 챗GPT, 코파일럿, 제미나이 같은 LLM이 다양한 아이디어를 제시할 수 있다. 또 챗봇은 구성력이 뛰어나기 때문에 프로그램 구성안이나 시나리오도 잘 작성해 준다. 만약 챗봇이 대본의 포맷을 모른다면 포맷을 알려 주거나 사례가 될 수 있는 대본을 보여 주면 챗봇은 이를 학습해 그 포맷에 맞게 잘 작성해 준다. 그리고 그 결과물을 적절히 수정하면 쓸 만한 구성안이나 대본을 혼자서 완성할 수 있다. 또 스토리보드 역시 인공지능이 이미지를 그려 주기 때문에 쉽게 작성할 수 있다. 만약 웹 드라마나 단편 영화 같은 규모가 큰 프로젝트를 맡을 경우 일정, 예산, 출연진과 제작진 관리 역시 AI 기반의 사전 제작 플랫폼을 활용하면 크리에이터가 연출과 제작 관리를 모두 할 수 있게 된다.

1인 미디어 제작에서 가장 어려운 것은 촬영이다. 왜냐하면 기획, 구성, 편집은 혼자 할 수 있어도 촬영은 혼자 하기 힘들기 때문이다. 규모가 있는 프로젝트의 경우 고품질의 콘텐츠를 만들기 위해 단순히 카메라 버튼만 누르는 것이 아니라 안정적으로 카메라를 운용할 전문가가 필요하고 좋은 사운드를 녹음하기 위해 외부 마이크를 운용할 전문가가 필요하다. 실내 촬영의 경우 조명 전문가가 필요하다. 만약 크리에이터가 촬영과 조명의 기술을 갖고 있다면 조명을 혼자서 세팅한 후 촬영은 AI 기능을 갖춘 PTZ(pan-tilt-zoom) 카메라에게 맡기고 카메라 앞에서 라이브 방송을 할 수 있다. PTZ 카메라는 일반 카메라와 달리 알아서 피사체의 움직임을 쫓아가면서 촬영을 해 준다. 또 크리에이터가 PTZ 카메라를 원격으로 조정할 수도 있어 원하는 구도를 카메라 앞에서 방송 중에 직접 선택할 수 있다. 그리고 1인 미디어 제작자는 촬영을 하지 않고 기존 영상을 구하거나 인공지능으로 영상을 생성하는 등 전통적인 제작 방식과 다른 대안적인 제작 방식을 찾을 수도 있다.

영상 스톡 플랫폼

영상 데이터가 오랫동안 쌓이고 영상 스톡을 제공해 주는 플랫폼이 많이 생기면서 필요한 영상을 촬영하지 않더라도 쉽게 구할 수 있게 됐다. 게티 이미지(Getty image), 어도비 스톡(adobe stock), 픽사베이(pixabay), 픽셀(Pexels) 등에서 실사 영상을 구할 수 있다. 짧은 다큐멘터리는 이러한 스톡 영상 플랫폼에서 구한 자료 화면을 배경으로 내레이션을 추가해 간단히 제작할 수 있다.

간단한 모션 그래픽이나 애니메이션을 만들 때도 그래픽 작업에 필요한 벡터 이미지를 직접 그리지 않고 프리픽(freepik), 벡터스톡(vectorstock) 등에서 구해 애프터 이펙트로 편집을 해서 2D 콘텐츠를 완성할 수 있다. 또 3D 에셋(asset)은 CG 트레이더(CGTrader), 스케치패브(Sketchfab), 터보스퀴드(TurboSquid), 디비언트아트(DeviantArt), 오픈게임아트(OpenGameArt) 등의 플랫폼에서 구해서 언리얼 엔진이나 유니티(Unity)로 편집해 3D 콘텐츠를 완성할 수 있다.

비주얼 이펙트에 필요한 비디오 이펙트나 모션 그래픽 에셋은 비디오하이브(Videohive), 아트그리드(Artgrid), 셔터스톡(Shuttterstock), 폰드 5(Pond5), 모션어레이(Motion Array) 등의 플랫폼에서 구할 수 있다. 이러한 플랫폼을 활용하면 직접 촬영이나 그래픽 작업을 하지 않더라도 편집할 소스를 쉽게 구할 수 있다. 이런 디지털 재활용은 경제적인 활동일 뿐만 아니라 기존 자산의 리믹싱을 통한 브리콜라주가 될 수 있다. 이런 경우 크리에이터는 촬영 전문가보다는 편집 전문가가 되어야 한다. 이제 크리에이터가 2D와 3D 편집기를 다양하게 다룰 수 있다면 촬영 없이도 콘텐츠 하나를 쉽게 완성할 수 있는 시대가 됐다.

비디오 생성형 인공지능

최근 생성형 인공지능 덕분에 크리에이터는 직접 촬영하지 않아도 자신만의 비디오를 만들 수 있게 됐다. 이제 누구나 런웨이(Runway)나 피카(Pika) 같은 비디오 생성형 인공지능 플랫폼에서 텍스트나 이미지로 프롬프트를 입력하면 짧은 비디오를 생성할 수 있다. 그리고 오픈AI

의 소라(Sora)가 대중에게 출시되면 긴 분량의 고화질 비디오도 생성할 수 있을 것이다. 향후 인공지능이 발전하면 비디오 역시 미드저니의 이미지처럼 실제 인간이 작업한 결과물과 구분이 되지 않을 정도로 고품질의 결과물을 생성할 것이다. 그렇게 되면 크리에이터는 제작 단계에 촬영과 생성을 선택하거나 둘을 조합해 제작할 수 있다.

인공지능이 만든 디지털 휴먼 또는 메타 휴먼은 인간과 매우 유사하게 생겼지만 아직 완벽하지 않기 때문에 불쾌한 골짜기(Uncanny valley)를 불러일으킬 수 있다. 불쾌한 골짜기는 디지털 인간이 인간과 매우 유사해질수록, 특정 지점에서 오히려 불쾌감이나 혐오감을 느끼게 되는 현상을 말한다. 그러므로 디지털 휴먼을 쓸 경우 인간과 확연히 차이가 나는 캐릭터를 써서 불쾌감을 피할 수 있다.

최근까지 대부분 1인 미디어 제작자는 스스로 출연자가 되어 셀프 촬영을 했다. 그런데 인공지능을 활용하면 크리에이터가 직접 출연하지 않고 자신의 아바타가 출연한 결과물을 만들어 낼 수 있다. 신세시아(Synthesia), 헤이젠(HeyGen), 리프레이즈AI(Rephrase.ai) 같은 AI 비디오 생성 플랫폼을 사용하면 인공지능이 출연자의 목소리와 얼굴, 제스처 등을 학습한 후 출연자와 꼭 닮은 아바타를 만들어 출연자의 목소리로 대본의 내용을 설명한다. 이때 아바타는 애니메이션 캐릭터나 아예 다른 사람으로 설정할 수도 있다. 또 언어를 바꾸면 아바타가 입 모양까지 바꿔 외국어를 구사한다. 이제 크리에이터가 노인이 되더라도 자신의 젊은 시절 비디오를 인공지능에게 학습시키면 언제든지 젊은 모습의 유튜버로 활동할 수 있는 시대가 되고 있다.

사운드 스톡 플랫폼

촬영 시 환경음(ambience sound) 또는 룸 톤(room tone)을 깜박하고 녹음하지 않으면 편집 시 시공간의 일관성을 만들기가 힘들다. 그리고 문 닫는 소리나 뱃고동 소리 같이 대사와 따로 녹음해야 하는 사물 특유의 소리인 와일드 사운드(wild sound)가 없으면 현장성이나 사실성을 창조하기 힘들다. 이런 경우 과거 편집자는 그런 사운드를 직접 녹음하거나 고가의 음향 효과 라이브러리 CD를 구입해야 하는 어려움이 있었다. 그러나 모든 것이 클라우드상에서 데이터베이스화된 최근에는 후반 작업 시에도 기존 자산을 쉽게 활용할 수 있다.

사운드 디자인에 필요한 환경음, 효과음, 음악 등은

프리사운드(Freesound), 오디오정글(audiojungle), 시네팩스스토어(cinepacks.store), 에피데믹 사운드(Epidemic Sound), 프리미엄비트(Premiumbeat), 사운드 바이블(sound bible) 등에서 구할 수 있다.

사운드 생성 인공지능

다큐멘터리나 정보성 콘텐츠는 내레이션을 넣는 경우가 많다. 일반적으로 성우를 고용해 내레이션을 녹음실에서 녹음하지만 최근 저예산 제작에서는 실제 성우 대신 인공지능 성우를 쓰는 경우가 많다. 크리에이터는 클로바 더빙(clova dubbing), 브루(Vrew), 타입캐스트(Typecast), 곰랩(gomlab), 로보(lovo), 우드(Woord), 일레븐랩스(ElevenLabs) 같은 텍스트 음성 변환(text to speech) 플랫폼에서 다양한 목소리를 가진 다국적의 인공지능 성우를 선택한 후 대본을 제공하면 인공지능 성우가 자동으로 내레이션을 읽어 준다. 그러면 그 내레이션을 음성 파일로 내보내기(export)해서 프리미어 같은 영상 편집기로 가져와(import) 콘텐츠 편집에 사용할 수 있다. 또 MS 클립챔프나 캡컷 같은 무료 영상 편집기에서도 텍스트를 만들면 그 텍스트를 음성으로 변환해 주는 기능이 있어 편집을 하면서 곧바로 내레이션을 삽입

할 수가 있다.

음악은 영상에 중대한 역할을 하지만 크리에이터는 비싼 저작권 문제로 기존의 좋은 음악을 사용하기가 힘들다. 음원 사이트나 유튜브 스튜디오의 오디오 보관함에서 무료로 다양한 장르의 음악을 다운받을 수 있지만 마음에 맞는 음악을 찾기가 쉽지 않다. 그러나 이제 인공지능 덕분에 크리에이터는 자신만의 음악을 쉽게 작곡할 수 있다. 수노(Suno), 유디오(Udio), 아이바(Aiva), 사운드로(soundraw), 앰퍼뮤직(Ampermusic) 같은 인공지능 음악 생성 플랫폼에 가면 다양한 스타일과 장르를 선택해 음악을 작곡하거나 참조할 음악을 업로드해서 그와 유사한 음악을 작곡할 수 있다. 또 자신이 원하는 노래를 프롬프트 창에 작성하고 가사를 넣거나 악기를 선택해서 자신만의 K팝을 만들 수도 있다.

효과음이나 환경음도 일레븐랩스 같은 텍스트 음향효과 변환(text to SFX) 플랫폼에서 텍스트를 프롬프트로 쳐서 생성할 수 있다. 한국 스타트업인 가우디오랩(Gaudio Lab)은 FALL-E라는 사운드 생성 인공지능을 제공하는데 이는 텍스트나 이미지를 프롬프트로 입력해 사운드를 생성하는 텍스트 투 사운드 또는 이미지 투 사운드 서비스다. 폴리(Foley)는 폴리 아티스트가 영화 장면 속 사운드 효과를 직접 만드는 과정을 말한다. 달리(DALL-E)가 유명한 화가인 살바도르 달리(Salvador Dali)와 애니메이션 캐릭터 월-E(WALL-E)의 합성어이듯 FALL-E는 폴리(Foley)와 월-E의 합성어로 보인다. 가우디오랩은 폴리 아티스트가 영화를 보며 사운드를 만들듯 인공지능이 영상을 분석해 장면에 맞는 소리를 만들어 내는 사운드 생성 인공지능을 만들겠다는 목표를 갖고 있다. 이제 인공지능은 영상 제작의 모든 단계에서 제작을 도와 비용과 시간을 절감하면서 누구나 고품질의 영상을 제작할 수 있는 시대를 이끌고 있다. 과거 사진과 영화로 영상이 대중화했다면 이제 인공지능으로 영상 제작의 민주화가 실현되고 있다.

참고문헌

권승태, 배인수(2022). 『1인 미디어 기획제작』. 한국방송통신대학교출판문화원.

이주영(2023.07.01.). 5~10년 뒤 영화 사운드는 대부분 가우디오랩 작품일 것. AI타임스. https://www.aitimes.com/news/articleView.html?idxno=152041

권승태

한국방송통신대학교 미디어영상학과 전임대우 강의교수다. 고려대학교에서 영상문화학 박사 학위를 받았다. Chapman University에서 Film&TV production 전공으로 MFA를 받았다. 성균관대학교에서 한국 철학을 전공했다. 20년 이상 방송 영상 분야에서 프로듀서로 활동했다. 주요 저서로 『플랫폼 내러티브』(2023), 『1인미디어기획제작』(2022), 『디지털영상편집』(2021), 『장마리 플로슈, 시각 정체성』(2016), 『영상스토리텔링의 일반원리』(2015), 『3막의 비밀: 스토리텔링의 보편적 법칙』(2012), 공저로 『21세기 노년』(2024), 공역서로 『차이와 지속의 기호학, 비주얼 아이덴티티』(2017)가 있다. "영화 〈에브리씽 에브리웨어 올앳원스〉의 혼종적 스타일에 관한 연구"(2023), "시각 예술의 디지털 도구로서 어도비 애플리케이션의 시각 정체성"(2023) 등 16편의 논문을 KCI 학술지에 게재했다.